JN005597

新装版 多読多聴の韓国語

やさしい韓国語で読む
世界の名作文学

hana編集部 編

本書は、2019年12月に小社より発売された『多読多聴の韓国語　やさしい韓国語で読む世界の名作文学』から付録CDを外し、新装版として出版したものです。音声は下記の要領でダウンロードしてご利用いただけます。

○ 音声ダウンロードのご案内
本書の音声は、小社ウェブサイト（https://www.hanapress.com）トップページの「ダウンロード」バナーから該当ページに移動し、ダウンロードが可能です。スマホをお使いの方は、左記QRコードから該当ページに直接行くことができます。

はじめに

　外国語が上達するために大事なことの一つは、その言語に多く接することです。しかし、多くの外国語学習者にとって、その言葉に多く接する機会を作るのは大変なこと。でもそれを可能にする方法が多読、つまり自分のレベルに合った作品・素材を多く読むことです。特に英語学習では、入門・初級レベルから実力に応じて取り組める多読用素材が数多く存在し、多読が重要な学習法として定着しています。

　韓国語学習においても、多読は確実に有効な学習方法ですが、問題は素材が不足していることでした。そこで小社では、2012年に「多読多聴の韓国語」というシリーズを発行しましたが、このたびその改訂を行うことになりました。その1作目がこの『やさしい韓国語で読む世界の名作文学』です。本書は、前作の「世界名作文学」編掲載作品に、その後雑誌『韓国語学習ジャーナルhana』の連載で掲載した作品を加え、全23作品を収録した新刊として出版することになりました。

　本書では、前半は4級合格レベル、後半は3級合格レベルといった具合に、「ハングル」能力検定試験の出題レベルに沿った語彙と文法を主に使用しています。ですので、初級、初中級レベルの人でも、本書の韓国語の文章を負担なくスムーズに読み進められるはずです。

　一つの教材・素材を徹底的に使い尽くすことも外国語学習の大事なコツですが、本シリーズには、本場のプロの声優による朗読音声が付いており、リスニング練習、音読やシャドーイングなどの練習にも活用できます。この本を通じて、韓国語で直接作品を読む楽しみを味わうとともに、韓国語の基礎をみっちり鍛えていただければ幸いです。

編者

目　次

本書の特徴

1 海外の名作を、すぐ読み終えられる長さに再構成

本書では、世界の名作を、韓国語学習者がすぐに読み終えられる長さに再構成しました。日本で親しまれている物語が多いので、韓国語で書かれていても負担なく読み進めることができます。

2 「ハングル」能力検定試験に準拠した
やさしい語彙・文法で書かれた文章

本書の作品は、「ハングル」能力検定試験（ハン検）の出題語彙リストに沿って単語を制限して書かれています。第1章では初級レベルに当たる4・5級の語彙・文法を、第2章では3級までの語彙・文法が主に使われています。それより上のレベルの語彙や文法には注を付けました。

3 発音変化が起きる箇所には、発音をハングルで表示

韓国語の発音変化は学習者にとってはなかなかの難関です。本書の文章で発音変化が起きる部分には、ハングルの発音表記を添えることで発音変化を把握しやすくしました。

※単純な連音化と―합니다などの頻出語形の発音変化（第1章）、ハン検5級レベルの発音変化（第2章）の表示は割愛しました。

4 プロの声優による丁寧な音声。多様な学習法に活用が可能

本書の音声は、韓国人の声優がゆっくり丁寧に読み上げており、初級学習者のリスニングに最適です。また、次項で述べるような多様な練習にも活用ができます。

本書の使い方と学習法

本書はリーディングのための素材集として作られましたが、リスニングや音読、シャドーイング、リピーティングなど多様な練習にもご活用いただけます。以下に、効果的な学習の流れと、それぞれの詳しい方法について紹介していきます。

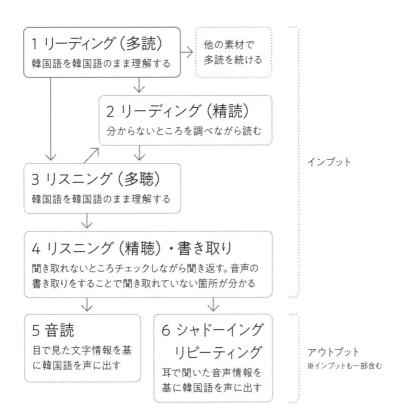

1 リーディング（多読）

　外国語学習における多読とは、その言語で書かれた多くの文章を読むこと。しかもなるべく日本語の助けを借りずに読むということです。本書のようなやさしい素材から始め、徐々にレベルを上げながら一定量の韓国語を消化していけば、次第に韓国語で読書を楽しめるようになり、結果として韓国語の実力も付く好循環が起きます。以下に多読をうまく行うためのポイントを幾つか記します。

① 全体を読んで、だいたいを把握する。

　対訳を見ずに、全体の内容や筋書きをつかむように、韓国語の文章を読み進めます。分からない箇所があっても止まらず、話の流れを推測しながら読み進めます。

② 分からない単語や表現の意味を予想する。

　分からない単語や表現があっても、なるべく辞書を引かずに読み進めます。読み進めるうちに分かってくることもありますが、何度も出てくるのに意味をつかめなかったり、その単語が分からないがためにどうしても話の流れを理解できなかったりするときに、対訳や注、さらには辞書で確認するようにしましょう。

③ 読めそうなものから始めて、読めそうもない素材は諦める。

　本書に収められた作品の中から、知っている物語、興味のある物語、簡単そうに見える物語を選んで読むといいです。さっぱり内容が分からない文章は、無理して読まずに、他の作品に移ります。韓国語能力が足りなくて理解できない場合もそうですが、背景知識や興味のない素材と無理に格闘する必要もありません。

④ とにかく1編読み切り、次の作品に挑戦して、成功体験を積み重ねる。

　1編読み終えたら、1冊、さらには別の本といった具合に、より多くの作品に挑戦していきましょう。読了できた文章が増えれば増えるほど、自信になり、読むことも楽になります。いつの間にか韓国語の理解力が育ち、自然と単語や文法表現も身に付くでしょう。日本語を介在させずに韓国語の文章を読んでいるということ自体、学習者にとって素晴らしいことですし、多読が勉強でなく、楽しみになればしめたものです。

2 リーディング（精読）

　多読のやり方で素材を一通り読み終えたら、次に分からないところを細かく確認しながら同じ素材を読むのもいい方法です。さらに上のレベルを目指す人は、文を正確に読んで理解する読み方にも時間をかける必要があるからです。後に述べる音読やシャドーイングなどの練習を行うためにも、この作業は必要となります。

　まず、どこが分からないのか、知らない単語・表現はないかなどをチェックしながら、全体を読み進め、次に対訳や注を見て、さらには辞書や文法書を開いて、分からない箇所を調べます。調べた単語や文法、表現などを本に書き込んだり、単語帳やノートを作ったりしながら進めるのもいいでしょう。書くことで記憶に定着しやすくなり、復習も容易になります。

3 リスニング（多聴）

　1や2を終えたら、ぜひ本書の音声を聞き取りに活用してください。まずは音声を聞き流して作品を楽しむ、あるいは韓国語の音に慣れるところからでもいいです。学習のためには同じ作品を何度も繰り返し聞くのが効果的です。まず最初は本を見ずに全体を把握するように聞き、その後で本を見ながら聞くことをおすすめします。

4 リスニング（精聴）・書き取り

　リスニング能力を意識的に育てるためには、漫然と音を聞くのではなく、集中して聞く必要があります。1、2文ずつ音声を止めながら聞き取り、聞き取れなかった部分を本で確認して、また聞いてみます。

　特に効果的なのは書き取り（ディクテーション）を行うことです。やはり、1、2文ずつ音声を再生し、聞いた音声をノートなどに書き取っていきます。一度で全て書き切れないので、音声を何回か再生することになりますが、5回聞いて聞き取れなかった箇所はそれ以上聞いても聞き取れないものです。なので適度な回数聞いたら次の文に移ります。書き取った韓国語は、元の文章と照らし合わせて答え合わせを行います。こうすることで、聞き取れていない箇所、自分の弱点が明確になります。

5 音読

音読とは、韓国語で書かれた文章を自分で声に出して読み上げることです。音声の声優のように発音できることを目標に、作品を声に出して読む練習を何度も繰り返します。こうすることで滑らかな発音だけでなく、発話力も身に付きます。より効果的な音読をするために、以下の点に注意してください。

① 内容を理解している素材で行う。

まず大事なのは、十分に理解できている素材で音読を行うことです。何が書かれているのかきちんと把握した素材を使い、その内容を目の前にいる相手に伝えるくらいの意識で音読しましょう。

② 音声を聞いて参考にする。

正しくない発音や抑揚で練習を繰り返すことは、後々矯正が難しい癖が身に付くことにもつながります。必ず本書の模範音声をお手本に音読練習を行いましょう。自分の声を録音して本書の音声と聞き比べるのも一つの手です。

③ はっきりした声で、口を大きく動かして練習する。

韓国語には日本語にない発音があり、その発音には日本語で普段使わない口の動きを使います。相手に伝わる韓国語を身に付けるには、普段の練習から大きな発声を心掛け、大げさなくらいに口を動かして発音するとよいです。

6 シャドーイング・リピーティング

シャドーイングは、音声を聞きながらその音を追い掛けるように声に出していく練習です。リピーティングは、音声を1文ずつ再生し、聞き終わったら同じように一気に発音する練習です。どちらも通訳者が普段のトレーニングとして行っている学習方法ですが、平易な素材さえあれば、初級レベルの学習者でも十分に挑戦することができます。耳で聞いた発音や抑揚をまねて、一字一句間違えないように発音する練習を積み重ねれば、練習した部分を見本の音声のように話せるようになります。原則どちらもテキストを見ずに行いますが、それが難しい場合、テキストを見て行ってもいいでしょう。

第1章

ハン検4級レベル

1 톰 소여의 모험

TR01

마크 트웨인

1 어느 금요일, 톰은 학교에 가지 않고 강에서 놀
   [학교]   [안코]
았습니다. 톰은 집에 **늦게** 들어왔습니다. **게다가**
              [늗께]
옷은 더러웠습니다. 폴리 **숙모**는 톰에게 **화가 났**
                   [숭모]
습니다.

2 "톰, 내일은 일을 **시킬 거야.** 저기 **울타리**를 전
              [시킬 꺼야]
부 **페인트**로 **칠해.** 알겠어?"
         [치래]

3 다음 날 톰은 폴리 숙모가 시킨 일을 했습니다.
힘이 들고 재미없었습니다.
      [재미업썯씀니다]

4 그런데 벤이 왔습니다. 벤을 본 톰은 좋은 생각
                              [조은]
이 났습니다. 톰은 다시 **일하기 시작했습니다.**
              [이라기]   [시자캗씀니다]

5 "톰, 일하고 **있는 거니?** 아이고, **불쌍해.**"
             [인는]

トム・ソーヤの冒険
マーク・トウェイン

Mark Twain。1835〜1910年。米国ミズーリ州生まれ。数多くの小説、エッセー、旅行記を発表し、世界中で講演活動も精力的に行った。他の作品に『王子とこじき(☞P.082)』『ハックルベリー・フィンの冒険』など。

1 ある金曜日、トムは学校へ行かずに、川で遊びました。トムは家に遅く帰ってきました。その上、服は汚れていました。ポリーおばさんはトムに腹が立ちました。

2 「トム、明日は仕事をさせるわよ。あそこのフェンスを全部ペンキで塗りなさい。分かった?」

3 次の日、トムはポリーおばさんがさせた仕事をしました。疲れるし、面白くありませんでした。

4 ところが、ベンが来ました。ベンを見たトムはいい考えが浮かびました。トムは再び働き始めました。

5 「トム、働いているのかい? まったく、かわいそうだな」

> 모험：冒険
> 1 -게 ：〜く、〜に　게다가：その上　숙모：叔母　화가 나다 (火- --)：腹が立つ、怒る
> 2 -ㄹ 거다 ：〜するつもりだ。거다는 것이다의 口語形　울타리：垣根　페인트：ペンキ　칠하다 (漆--)：塗る
> 4 -기 시작하다 (- 始作--)：〜し始める
> 5 -는 거다 ：〜するのである　-니 ：〜するの?　불쌍하다：かわいそうだ

⁶ **그러자** 톰은 벤에게 말했습니다.
[마랟씀니다]

⁷ "무슨 말이야? 이게 얼마나 **재미있는데**."
[재미인는데]

⁸ 그러자 사과를 **먹던** 벤이 말했습니다.
[먹떤]

⁹ "나도 칠해 보고 싶어."

¹⁰ 벤은 울타리를 **칠하는 대신에** 톰에게 사과를 주었습니다.

⁶ するとトムはベンに言いました。

⁷ 「何を言っているんだい？ これがどれだけ面白いか」

⁸ するとリンゴを食べていたベンが言いました。

⁹ 「僕も塗ってみたいな」

¹⁰ ベンはフェンスを塗る代わりに、トムにリンゴをあげました。

....

⁶ **그러자** : すると

⁷ **-는데** : 〜するのに

⁸ **-던** : 〜していた

¹⁰ **-는 대신에 (- 代身-)** : 〜する代わりに

¹¹ 어느새 여기저기에서 아이들이 모였습니다. 톰

은 아이들한테 **연**, **장난감**, 과자 등을 받고 일을
　　　[아이드란테]　　　　　　[장난깜]　　　　　　　　　　　　[받꼬]

시켰습니다.

¹² "나도, 나도."

¹³ 그 사이에 페인트칠이 **금방** 끝났습니다. **깨끗한**
　　　　　　　　　　　　　　　　　[끈낟씀니다]　　　　　　　[깨끄탄]

울타리를 보고 폴리 숙모는 말했습니다.

¹⁴ "톰! 잘했어. 사과를 줄게."
　　　　　[자래써]　　　　　　[줄께]

¹⁵ "잘 먹겠습니다."
　　　　[먹껟씀니다]

¹¹ いつの間にかあちらこちらから子どもたちが集まりました。トムは子
   どもたちから、たこ、おもちゃ、お菓子などをもらい仕事をさせました。

¹²「僕も、僕も」

¹³ その間にペンキ塗りはあっという間に終わりました。きれいなフェン
   スを見てポリーおばさんは言いました。

¹⁴「トム！　よくやったわ。リンゴをあげましょう」

¹⁵「いただきます」

....

¹¹ 연 (鳶) : たこ　　장난감 : おもちゃ

¹³ 금방 (今方) : すぐに　　깨끗하다 : きれいだ

2 크리스마스 선물

TR02

오 헨리
[헬리]

1 **가난한** 부부가 있었습니다. 아내 델라는 사랑
[가나난]
하는 남편 짐에게 크리스마스 선물을 주고 싶었
습니다.

2 "1달러 87센트**뿐**이네. 이 돈으로는 선물을 **살**
[딸러]   [살
수 없어."
쑤] [업써]

3 지갑을 본 델라는 마음이 아팠습니다.

4 "참, 이것을 팔면 **되겠구나.**"
[되겓꾸나]

5 델라는 좋은 생각이 났습니다. 길고 아름다운
[조은]
머리카락을 팔기로 한 것입니다.

6 머리카락은 20달러에 **팔렸고** 이제 델라는 짐의
[지메]
선물을 **살 수 있게 되었습니다.** 델라는 머리카락
[읻께]
을 잃었지만 기뻤습니다.
[이럳찌만]

018

賢者の贈り物（クリスマスプレゼント）
オー・ヘンリー

O. Henry。1862〜1910年。米国ノースカロライナ州生まれ。短編の名手として、多くの作品を残した。本作品の原題は「The Gift of the Magi」だが、韓国では「크리스마스 선물」として知られている。他の作品に『警官と賛美歌』『最後の一葉（☞P.070）』など。

1 貧しい夫婦がいました。妻のデラは愛する夫のジムに、クリスマスプレゼントをあげたいと思いました。

2 「1ドル87セントだけだわ。このお金ではプレゼントを買えないわ」

3 財布を見たデラは胸が痛みました。

4 「そうだ、これを売ればいいんだわ」

5 デラはいい考えが浮かびました。長くてきれいな髪の毛を売ることにしたのです。

6 髪の毛は20ドルで売れ、これでデラはジムのプレゼントを買えるようになりました。デラは髪の毛を失いましたが、喜びました。

---

1 가난하다：貧しい、貧乏だ

2 〜뿐：〜だけ　-ㄹ 수 없다：〜できない

4 -구나：〜だな、〜なんだな

5 머리카락：髪の毛　-기로 하다：〜することにする　-ㄴ 것이다：〜したのである

6 팔리다：売れる　-ㄹ 수 있다：〜できる　-게 되다：〜くなる、〜になる

⁷ 델라는 짐**을 위해서** 금시계의 **체인**을 샀습니다.
[금시계]

델라는 짐을 기다렸습니다. 그런데 집에 돌아온

짐은 델라를 보고 놀랐습니다. 머리카락이 **짧아**
[짤바

졌기 때문입니다.
젇끼]

⁸ "저의 **모습**이 싫지요?"
[실치요]

⁹ "아니에요, **그럴 리가요**. 이 선물을 열어 봐요."

⁷デラはジムのために金時計のチェーンを買いました。デラはジムを待ちました。しかし家に戻ってきたジムは、デラを見て驚きました。髪の毛が短くなっていたからです。

⁸「私の姿が嫌いでしょ?」

⁹「いや、そんなことないよ。このプレゼントを開けてごらんよ」

....

⁷ ～을 위해서 (‐ 為‐‐) : ～のために　금시계 : 金時計　체인 : チェーン　짧아지다 : 短くなる

⁸ 모습 : 姿

⁹ -ㄹ 리가 : ～であるわけが (ない)。後に없다が続くのが本来の形

¹⁰ 델라는 선물을 보고 눈물을 **흘렸습니다.** 그것

은 바로 **머리빗**이었습니다.

¹¹ "머리카락은 **금방** 자랄 거예요. 내 머리카락을
　　　　　　　　[자랄 꺼에요]

팔아서 **당신의** 금시계 체인을 샀어요."

¹² **그러자** 짐이 **조용히 웃으며** 말했습니다.
　　　　　　　　　　　　　[마랜씀니다]

¹³ "델라. 사실은 나도 시계를 팔아서 당신의 선물

을 샀어요."

¹⁴ 부부는 서로의 크리스마스 선물에 감사하며

따뜻한 크리스마스를 보냈습니다.
[따뜨탄]

¹⁰ デラはプレゼントを見て涙を流しました。それはまさにくしでした。

¹¹ 「髪の毛はすぐ伸びるわ。私の髪の毛を売って、あなたの金時計の
　　チェーンを買ったの」

¹² するとジムは静かに笑いながら言いました。

¹³ 「デラ。実は僕も時計を売って、君のプレゼントを買ったんだ」

¹⁴ 夫婦はお互いのクリスマスプレゼントに感謝し、温かいクリスマスを
　　過ごしました。

---

¹⁰ 흘리다：流す　머리빗：くし

¹¹ 금방 (今方)：すぐに　당신 (当身)：あなた

¹² 그러자：すると　조용히：静かに　-으며：〜しながら

3 키다리 아저씨

진 웹스터
[웹쓰터]

1 내 이름은 주디입니다. **고아원**에 살아요. 어느 날, **원장** 선생님이 나를 불렀어요. 그때 나는 어떤 남자의 **그림자**를 보았어요. 그림자로 본 그 남자는 긴 다리를 가졌어요.
[남자에]
[가져써요]

2 그 사람이 나를 **도와준다고** 했습니다. **덕분에** 나는 대학에 들어갔어요.
[덕뿌네]

3 나는 매일 그 사람에게 감사의 편지를 썼습니다. **물론** 그가 나에게 **답장**을 하는 일은 없었습니다.
[답짱] [하는 니른] [업썯씀 니다]

4 키다리 아저씨에게

5 아저씨, 저에게 **도움을 주셔서** 감사합니다. 공부

あしながおじさん (のっぽのおじさん)
ジーン・ウェブスター

Jean Webster。1876〜1916年。米国ニューヨーク州生まれ。作家活動の傍ら結婚、出産を経験するも40歳の若さで逝去。他の作品に『おちゃめなパッティ　大学へ行く』『続あしながおじさん』など。

¹ 私の名前はジュディです。孤児院に住んでいます。ある日、園長先生が私を呼びました。その時、私はある男性の影を見ました。影で見たその男性は長い足をしていました。

² その人が私を助けてくれると言いました。おかげで私は大学に入りました。

³ 私は毎日その人に感謝の手紙を書きました。もちろん、彼が私に返事をすることはありませんでした。

⁴ あしながおじさんへ

⁵ おじさん、私に援助してくださり、ありがとうございます。勉強、頑張

. . . .

키다리：のっぽ

¹ **고아원**：孤児院　　**원장**：園長　　**그림자**：影

² **-ㄴ다고**：〜すると　　**덕분에 (徳分-)**：おかげで

³ **물론 (勿論)**：もちろん　　**답장 (答状)**：(手紙の)返事、返信

⁵ **도움을 주다**：助ける、援助する

열심히 하겠습니다.
[열씨미]

6 내 친구 줄리아에게는 저비스라는 **삼촌**이 있어
[저비쓰]

요. 나는 저비스 씨를 **좋아하게 되었고**, 키다리 아
[조아하게]   [되얻꼬]

저씨에게 **고민**을 이야기했습니다.

ります。

[6]私の友達のジュリアには、ジャービスというおじさんがいます。私は
ジャービスさんを好きになり、あしながおじさんに悩みを話しました。

......

[6] 삼촌 (三寸)：おじ　-게 되다：〜するようになる　고민 (苦悶)：悩み

7   키다리 아저씨에게

8   아저씨, 나는 저비스 씨가 좋아요. 그 사람을
만나면 **행복합니다**. 이렇게 그를 좋아해도 될까
    [행보캄니다]   [이러케]
요?

9   키다리 아저씨가 **아프다고 합니다**. 그래서 나는
떨리는 마음으로 아저씨를 찾아갔어요. 그런데 정
말 **깜짝** 놀랐습니다. 나를 도와준 아저씨가 바로
     [깜짝 놀랄씀니다]
내가 좋아하는 저비스 씨였어요.

10 이제 나는 아저씨에게 편지를 쓰지 않아요. 우
리는 결혼합니다.
    [겨로남니다]

⁷ あしながおじさんへ

⁸ おじさん、私はジャービスさんが好きです。 あの人に会うと幸せです。
こんなに彼を好きでもいいでしょうか?

⁹ あしながおじさんが病気だそうです。 だから私は震える心でおじさ
んを訪ねていきました。 ところが本当に驚きました。 私を助けてくれ
たおじさんが、まさに私が好きなジャービスさんでした。

¹⁰ もう私はおじさんに手紙を書きません。 私たちは結婚します。

....

⁸ **행복하다** (幸福--) : 幸せだ
⁹ **-다고 하다** : 〜だそうだ　　**떨리다** : 震える　　**깜짝** : 急に驚く様子

4 노인과 바다
TR04

어니스트 헤밍웨이

1   하늘에는 구름 하나 없고 바다는 **넓기만 하다**.
[업꼬]   [널끼]

노인은 84일 **동안** 고기를 한 마리도 잡지 못했
[팔씹싸일 똥안]   [잡찌]   [모탣]

다. 사람들은 그런 노인을 보고 웃었다. 그러나
따]

노인의 눈은 바다처럼 **빛났다**. 한 **소년**만이 노인
[노이네]   [빈낟따]

을 기다렸다.

2   다음 날 노인이 바다로 나갔다. 바다는 **조용하**

고 아침 해는 **뜨거웠다**. 오늘도 노인은 혼자이다.

새 한 마리가 노인의 친구가 되어 주었다.

3   갑자기 고기가 나타났다. 배보다 큰 고기였다.
[갑짜기]

노인은 열심히 고기와 싸웠다. 노인은 고기를 잡
[열씨미]

아서 배에 **매었다**. 그리고 노인은 잠이 들었다. 꿈
[꿈

속에 아프리카와 **사자**가 나왔다.
쏘게]

老人と海
アーネスト・ヘミングウェイ

Ernest Miller Hemingway。1899〜1961年。米国イリノイ州生まれ。「ロスト・ジェネ
レーション」を代表する作家として活動し、1954年、本作品でノーベル文学賞を受賞。
他の作品に『日はまた昇る』『武器よさらば』など。

¹ 空には雲一つなく、海はただただ広い。老人は84日間、魚を1匹も
　捕ることができなかった。人々はそんな老人を見て笑った。しかし
　老人の目は海のように輝いていた。一人の少年だけが老人を待った。

² 次の日、老人が海に出た。海は静かで、朝日は熱かった。今日も老
　人は一人だ。鳥1羽が老人の友達になってくれた。

³ 突然、魚が現れた。船よりも大きな魚だった。老人は一生懸命魚
　と戦った。老人は魚を捕って、船に縛り付けた。そして老人は眠り
　についた。夢の中にアフリカとライオンが出てきた。

· ·

　노인 : 老人
¹ -기만　하다 : ただただ〜だ、〜であるばかりだ　동안 : 〜の間　빛나다 : 輝
　く　소년 : 少年
² 조용하다 : 静かだ　뜨겁다 : 熱い
³ 매다 : 結ぶ、縛る　사자 (獅子) : ライオン

⁴ 그런데 **상어들이** 나타났다. 노인의 고기를 **먹기**
[먹끼]
위해 온 것이었다. 그들은 매우 강했다.

⁵ **"죽기까지 싸우라."**
[죽끼]

⁶ 노인과 상어들의 긴 싸움이 끝났다. 그렇지만
[끈낟따] [그러치만]
노인은 여기저기를 다쳤고 고기는 **뼈**만 남았다.
[다철꼬]

⁷ 노인이 **마을**에 돌아왔다. 사람들은 모두 노인
의 고기를 보고 놀랐다. 그렇게 큰 뼈를 **본 적이**
[그러케]
없었기 때문이다.
[업썯끼]

⁸ 노인은 소년에게 말했다.
[마랟따]

⁹ **"인간**은 **파멸할 수는 있어도 패배하지는 않는**
[파며랄 쑤]   [안는
다."
다]

¹⁰ 그리고 노인은 잠들었다. 사자가 나오는 꿈을
꾸었다.

⁴ ところがサメたちが現れた。老人の魚を食べるためにやってきたの
  だった。そいつらはとても強かった。

⁵ 「死ぬまで戦うのだ」

⁶ 老人とサメたちの長い戦いが終わった。けれども老人はあちらこち
  らをけがし、魚は骨だけが残った。

⁷ 老人が村に戻ってきた。人々は皆、老人の魚を見て驚いた。こんな
  大きな骨を見たことがなかったからだ。

⁸ 老人は少年に言った。

⁹ 「人間は破滅することはあっても、敗れることはないんだ」

¹⁰ そして老人は眠りについた。ライオンが出てくる夢を見た。

⁴ 상어：サメ　-기 위해 (—— 為-)：〜するために　-ㄴ 것이다：〜したのである
⁵ -기까지：〜するまで　-라：〜せよ
⁶ 뼈：骨
⁷ 마을：村　-ㄴ 적이 없다：〜したことがない
⁹ 인간：人間　파멸하다：破滅する　-ㄹ 수 있다：〜することがある　패배하
  다：敗北する、敗れる　-는다：〜する、〜している。同輩や目下に対して「〜
  するよ、〜するんだよ」と宣言する意味にもなる

5 플랜더스의 개

TR05 [플랜더쓰에]

위다

1 어느 날, 나이가 많은 개 한 마리가 길에 **쓰러**
[마는]   [쓰러
져 있었습니다. 네로와 할아버지가 개를 **돌봐 주**
저]
자 건강해졌습니다. 두 사람은 그 개를 파트라슈
[건강해젇씀니다]
라고 불렀습니다.

2 네로와 파트라슈는 **세상**에서 제일 **친한** 친구가
[치난]
되었습니다. 함께 할아버지의 일을 **도우며 항상**
곁에 있었습니다.

3 네로에게는 예쁜 여자 친구 아로아가 있습니다.
네로는 파트라슈와 아로아를 그림으로 그리는 것
을 좋아합니다. 네로의 꿈은 **화가**였습니다.
[조아함니다]
4 아로아는 돈이 많은 집의 딸이었습니다. 아로아
의 아버지는 **가난한** 네로를 싫어했습니다. 그래서
[가나난]   [시러핻씀니다]

フランダースの犬
ウィーダ

Ouida。1839～1908年。英国サフォーク州生まれ。20歳の頃から創作活動を始め、代表作『二つの旗の下に』で全盛期を迎える。他の作品に『ニュルンベルクのストーブ』『ストラスモー』など。

1 ある日、年老いた犬1匹が道に倒れていました。ネロとおじいさんが犬の世話をしてあげると、健康になりました。二人はその犬をパトラッシュと呼びました。

2 ネロとパトラッシュは、世界で一番仲の良い友達になりました。一緒におじいさんの仕事を手伝い、いつもそばにいました。

3 ネロにはかわいい女友達のアロアがいます。ネロはパトラッシュとアロアを、絵に描くのが好きです。ネロの夢は画家でした。

4 アロアはお金持ちの家の娘でした。アロアの父親は貧しいネロを嫌いました。だからネロはアロアに会えなくなりました。

---

1 쓰러지다：倒れる　돌보다：面倒を見る、世話をする　-자：～すると　건강해지다：健康になる

2 세상 (世上)：世の中、世界、世間　친하다：親しい　돕다：助ける、手伝う　-으며：～しながら　항상 (恒常)：いつも、常に　곁：横、そば

3 화가：画家

4 가난하다：貧しい、貧乏だ

네로는 아로아를 **만날 수 없게 되었습니다.**
[만날 쑤] [업께]

5   네로에게 큰 **불행**이 찾아왔습니다. 할아버지가
[부랭]

돌아가시고 만 것입니다. 갈 곳이 없는 네로의 옆
[갈 꼬시] [엄는]

에는 파트라슈**뿐**이었습니다.

6   어느 추운 날, 네로는 길에서 아로아 아버지의

지갑을 보았습니다. 그리고 그 지갑을 아로아의

아버지에게 주며 파트라슈를 부탁했습니다. 아로
[부타캠씀니다]

아의 가족은 파트라슈에게 맛있고 따뜻한 밥을
[마싣꼬] [따뜨탄]

주었습니다. 하지만 파트라슈는 슬펐습니다.

7   네로는 혼자 **교회**에 갔습니다. 네로가 좋아하

는 그림이 교회에 있기 때문입니다. 배가 고프고
[읻끼]

힘이 없었습니다. 그런데 파트라슈가 네로를 찾아
[업썯씀니다]

왔습니다. 네로는 이제 혼자가 아니었습니다.

8   크리스마스 아침, 파트라슈와 네로는 함께 세

상을 떠났습니다.

⁵ ネロに大きな不幸が訪れました。おじいさんが亡くなってしまったの
　です。行くあてのないネロの横には、パトラッシュだけでした。

⁶ ある寒い日、ネロは道でアロアの父親の財布を見ました。そしてそ
　の財布をアロアの父親に渡して、パトラッシュを頼みました。アロア
　の家族はパトラッシュに、おいしくて温かい食べ物をやりました。し
　かしパトラッシュは悲しみました。

⁷ ネロは一人で教会に行きました。ネロが好きな絵が教会にあるから
　です。おなかがすいて力がありませんでした。ところが、パトラッシュ
　がネロのところにやってきました。ネロはもう一人ではありませんで
　した。

⁸ クリスマスの朝、パトラッシュとネロは一緒にこの世を去りました。

-ㄹ 수 없다：～できない　-게 되다：～くなる
⁵ 불행：不幸　돌아가시다：亡くなる　-고 말다：～してしまう　～뿐：～だけ
⁷ 교회：教会

6 베니스의 상인
[베니스에]

윌리엄 셰익스피어
[셰익쓰피어]

1   어느 날, 바사니오가 베니스의 상인 안토니오

에게 찾아왔습니다. 바사니오는 아름답고 머리가
[아름답꼬]

좋은 포샤라는 여자를 사랑했습니다. 그런데 포
[조은]

샤는 아주 먼 곳에 살았습니다.

2   "안토니오, **부탁해**. 포샤에게 가려면 **큰돈**이 필
[부타캐]

요해."

3   안토니오는 마음이 좋은 사람이었습니다. 그래

서 안토니오는 바사니오**를 위해** 샤일록에게 큰돈

을 빌렸습니다. 그런데 돈밖에 모르는 샤일록은

말했습니다.
[마랟씀니다]

4   "돈을 돌려주지 않으면 **당신의 살 1파운드를 받**
[아느면]   [받

겠소."
겓쏘]

ベニスの商人
ウィリアム・シェークスピア

William Shakespeare。1564〜1616年。英国ストラトフォード・アポン・エイボン生まれ。四大悲劇『ハムレット』『オセロ』『マクベス』『リア王』、さらに『ロミオとジュリエット（☞ P.076）』などの傑作を残した。

¹ ある日、バサーニオがベニスの商人であるアントーニオを訪ねてきました。バサーニオは、美しくて頭のいいポーシャという女性を愛していました。しかしポーシャはとても遠い場所に住んでいました。

² 「アントーニオ、頼むよ。ポーシャの所へ行くには大金が必要なんだ」

³ アントーニオは心の優しい人でした。それでアントーニオはバサーニオのために、シャイロックから大金を借りました。しかしお金のことしか考えないシャイロックは言いました。

⁴ 「お金を返してくれなかったら、あなたの肉、1ポンドをもらいます」

．．．

상인 : 商人
¹ 〜라는 : 〜という
² -어 : 〜するよ　큰돈 : 大金
³ 〜를 위해 (- 為-) : 〜のために
⁴ 당신 (当身) : あなた　살 : 肉、肌　파운드 : ポンド　-소 : 〜します

⁵ 바사니오는 포샤를 만났고 두 사람은 결혼을
[만낟꼬]   [겨로늘]
했습니다. 그런데 **큰일**이 났습니다. 안토니오는 배
를 팔아 샤일록에게 돈을 돌려주려고 **했는데** 바
[핸는데]
다로 떠난 배가 아직도 돌아오지 **않은 것입니다.**
[아직또]

⁶ **화가 난** 샤일록은 안토니오를 **재판소**로 불렀습
니다. 그런데 한 **재판관**이 말했습니다.

⁷ "샤일록은 안토니오의 '살 1파운드'를 가져가
[가저가
도 좋습니다. 하지만 '피'는 가져가면 안 됩니다."
도]   [조씀니다]

⁸ 그래서 샤일록은 안토니오의 살을 **가져갈 수**
[가저갈 쑤]
없었습니다. 그 재판관은 바로 남자 옷을 입은 포
[업썬씀니다]
샤였습니다.

⁹ **결국** 안토니오는 살았고 샤일록은 모든 것을
[사랃꼬]
잃었습니다.
[이럳씀니다]

⁵ バサーニオはポーシャに会い、二人は結婚しました。しかし大事件
　が起きました。アントーニオは船を売ってシャイロックにお金を返そ
　うとしたのですが、海に出た船がいまだに戻ってこないのです。

⁶ 怒ったシャイロックは、アントーニオを裁判所に呼びました。ところ
　が一人の裁判官が言いました。

⁷「シャイロックはアントーニオの『肉、1ポンド』を持っていってもよろ
　しい。しかし『血』は持っていってはいけません」

⁸ それでシャイロックはアントーニオの肉を持っていくことができませ
　んでした。その裁判官はまさしく、男性の服を着たポーシャだったの
　です。

⁹ 結局、アントーニオは助かり、シャイロックは全てのものを失いました。

· ·

⁵ 큰일：大変なこと、一大事　　-는데：〜するが、〜するのだが　　-은 것이다：
　〜したのである

⁶ 화가 나다 (火- --)：腹が立つ、怒る　　재판소：裁判所　　재판관：裁判官

⁸ -ㄹ 수 없다：〜できない

⁹ 결국：結局、とうとう、ついに

7 걸리버 여행기

조너선 스위프트

1   걸리버는 **새로운** 사회를 **꿈꾸며** 배를 타고 **모험**을 떠났다.

2   **도중**에 배가 **부서져** 바다에 **빠졌는데**, 눈을 떠
[부서저]   [빠전는데]
보니 몸이 **묶여** 있었다. 그런데 사람들이 아주 작
았다. 그곳은 **소인국**이었다. 작은 사람들이 사는
이 나라 안에는 **싸움**이 많았고 가까운 나라와
[마낟꼬]
전쟁도 했다.

3   걸리버는 다시 여행을 떠났다. 이번에는 **거인들**
이 사는 **대인국**에 도착했다. 대인국에는 전쟁이
[도차캔따]
없었다. **이들**은 키도 크고, 마음도 넓었다. 하지만
[업썬따]   [널벋따]
몸이 **작다는** 이유로 걸리버의 이야기를 들어 주
[작따는]   [걸리버에]
지 **않았으며** 그를 **장난감**으로 생각했다.
[아나쓰며]   [장난까므로]   [생가캔따]

ガリバー旅行記
ジョナサン・スウィフト

Jonathan Swift。1667〜1745年。アイルランド・ダブリン生まれ。英国古典時代における有名なアイルランドの作家で、その他にも司祭、詩人、随筆家など多くの顔を持つ。他の作品に『穏健なる提案』『ドレイピア書簡』など。

1 ガリバーは新しい社会を夢見て、船に乗って冒険に出た。

2 途中で船が壊れ海に落ちたのだが、目を覚ますと体が縛られていた。ところが人々がとても小さかった。そこは小人国だった。小さな人たちが住むこの国の中では、争いが多く、近くの国と戦争もした。

3 ガリバーは再び旅に出た。今度は巨人たちが住む大人国に到着した。大人国では戦争がなかった。彼らは背も高く、心も広かった。けれども体が小さいという理由で、ガリバーの話を聞いてくれず、彼をおもちゃ扱いした。

1 새롭다：新しい　-며：〜しながら　모험：冒険

2 도중：途中　부서지다：壊れる　빠지다：落ちる、陥る、(海やプールなどで)溺れる　-는데：〜するが、〜するのだが　-니：〜すると、〜したら　묶이다：縛られる、くくられる　소인국：小人国　싸움：戦い、争い、けんか　전쟁：戦争

3 거인：巨人　대인국：大人国　이：この人　-다는：〜だという。-다고 하는の縮約形　-으며：〜し、〜して　장난감：おもちゃ

4   다음으로 걸리버가 도착한 곳은 하늘을 **나는**

라프타 섬이었다. 아주 **낡은** 집에 사는 그곳 사람
　　　　　　　　[날근]

들은 이상한 음악을 듣고 생각하는 것을 **멈추지**
　　　　　　　　　　　　　[듣꼬]

않았다. 그리고 필요 없는 **실험**을 계속 **했다**. 걸리
　　　　　　[엄는]　　[시러믈]　　　[게소 캗따]

버는 그들을 **이해할 수 없었다**.
　　　　　　　[이해할 쑤]

5   그 후, 걸리버는 **말**의 **모습**을 한 사람들이 사는

마인국으로 갔다. 그들은 매우 **깨끗하고** 다른 사
　　　　　　　　　　　　　[깨끄타고]

람을 **생각할 줄 알았다**. 마인들은 **더럽고 시끄러**
　　　　[생가칼 쭐]　　　　　　　　　　　　[더럽꼬]

운 인간인 야후를 **키우고** 있었는데, 이들의 **생김**
　　　　　　　　　　　　　　[이썬는데]

새는 걸리버와 비슷했다.
　　　　　　　　[비스탣따]

6   걸리버는 **평화**와 **이성**을 아는 마인들의 사회에

서 살고 싶었다. 그러나 걸리버는 그곳에서 **그저**

야후에 지나지 않았다.

7   **결국** 걸리버는 **자신**의 나라 영국으로 돌아왔

다.

⁴ 次にガリバーが到着した場所は、空を飛ぶラピュータ島だった。とても古い家に住むそこの人々は、おかしな音楽を聞いて、考えることをやめなかった。そして必要のない実験を続けた。ガリバーは彼らを理解できなかった。

⁵ その後、ガリバーは馬の姿をした人々が住む馬人国に行った。彼らはとても清潔で、他の人を思いやることを知っていた。馬人たちは汚くてうるさい人間のヤフーを育てていたのだが、彼らの姿はガリバーと似ていた。

⁶ ガリバーは平和と理性を知っている馬人たちの社会で暮らしたかった。しかしガリバーは、そこではただのヤフーにすぎなかった。

⁷ 結局、ガリバーは自分の国、英国に帰ってきた。

---

⁴ 날다：飛ぶ　낡다：古い　멈추다：止める、止まる　실험：実験　-ㄹ 수 없다：〜できない

⁵ 말：馬　모습：姿　마인국：馬人国　깨끗하다：きれいだ　-ㄹ 줄 알다：〜するすべを知っている、〜することができる　더럽다：汚い　시끄럽다：うるさい、騒がしい　인간：人間　키우다：育てる、飼う　생김새：姿、顔つき、見掛け

⁶ 평화：平和　이성：理性　그저：ただ、単に

⁷ 결국：結局、ついに、とうとう　자신：自身、自分

8 크리스마스 캐럴

찰스 디킨스

1 런던의 어느 **마을**에 스크루지**라는** 남자가 살고
[런더네]
있었습니다. 그는 **장사**를 하여 많은 돈을 모았습
[마는]
니다. 스크루지는 크리스마스이브에도 일을 했습
니다.

2 "메리 크리스마스!"

3 "흥! 크리스마스가 뭐라고!"

4 그는 사람이 찾아와도 문을 열어 주지 않았습
[아낟씀
니다. **가난한** 사람을 도와주지도 않았습니다. 스
니다]   [가나난]
크루지에게는 돈이 **최고**였습니다.

5 그런데 스크루지 앞에 죽은 친구인 마레가 나
타났습니다.

6 "너에게 세 명의 크리스마스 **유령**이 **찾아올 것**
[차자올 꺼

クリスマス・キャロル
チャールズ・ディケンズ

Charles John Huffam Dickens。1812~70年。英国ポーツマス生まれ。ビクトリア朝時代を代表する英国の小説家。他の作品に『二都物語』『大いなる遺産』など。

1 ロンドンのある町にスクルージという男が住んでいました。彼は商売をし、たくさんのお金をためました。スクルージはクリスマスイブにも仕事をしました。

2 「メリークリスマス！」

3 「ふん！　クリスマスがなんだ！」

4 彼は人が訪ねてきても、ドアを開けてあげませんでした。貧しい人を助けもしませんでした。スクルージにはお金が最高でした。

5 ところがスクルージの前に、死んだ友達のマーレイが現れました。

6 「おまえの所に、3人のクリスマスの精霊が訪ねてくるだろう」

1 마을：村　～라는：～という。 -라고 하는の縮約形　장사：商売

4 가난하다：貧しい、貧乏だ　최고：最高

6 유령：幽霊、精霊　-ㄹ 것이다：～するだろう

이다."
[시다]

7 　그날 밤, **과거**의 크리스마스 유령이 나타났습니
[그날 빰]

다. 유령은 마음이 따뜻한 사람들과 함께 **행복한**
[따뜨탄]　　　　　　　[행보칸]

크리스마스를 보낸 어린 스크루지를 보여 주었습

니다.

8 　또 젊은 스크루지와 아름다운 여자가 보였습니
[절믄]

다. 여자는 사랑이 아닌 돈을 **선택한** 젊은 스크
[선태칸]

루지를 떠났습니다. 스크루지는 가슴이 아팠습니

다.

048

7 その夜、過去のクリスマスの精霊が現れました。精霊は、心の温か
　い人々と一緒に幸せなクリスマスを過ごした、幼いスクルージを見せ
　てくれました。

8 また、若いスクルージと美しい女性が見えました。女性は愛ではなく、
　お金を選んだ若いスクルージから去りました。スクルージは胸が痛
　みました。

----

7 **과거**：過去　**행복하다** (幸福--)：幸せだ
8 **선택하다**：選択する、選ぶ

⁹ 다음에는 올해의 크리스마스 유령이 찾아왔습
[오래]
니다. 가난하지만 사이좋게 크리스마스를 보내는
[사이조케]
사람들이 보였습니다. 스크루지**를 위해 기도**를
하는 사람도 있습니다.

¹⁰ 그리고 **미래**의 크리스마스 유령이 왔습니다. 유
령은 스크루지가 혼자서 마지막 날을 **맞는** 모습
[마지망 나를]   [만는]
을 보여 주었습니다. 아무도 스크루지의 **죽음**을
슬퍼하지 않았습니다.

¹¹ 스크루지는 큰 **충격**을 받았습니다.

¹² 다음 날, 크리스마스가 찾아왔습니다. 스크루
지는 거리의 사람들에게 인사를 했고 **교회**에 갔
[핸꼬]
습니다. 그리고 가난한 사람을 위해 돈을 썼습니
다. 스크루지는 돈보다 더 중요한 것을 **알게 되었
습니다.**

⁹次には、今年のクリスマスの精霊が訪ねてきました。貧しいけれど、仲良くクリスマスを過ごす人々が見えました。スクルージのためにお祈りをする人もいます。

¹⁰そして未来のクリスマスの精霊が来ました。精霊は、スクルージが一人で最後の日を迎える姿を見せてくれました。誰もスクルージの死を悲しみませんでした。

¹¹スクルージは大きなショックを受けました。

¹²次の日、クリスマスがやって来ました。スクルージは道行く人々にあいさつをし、教会に行きました。そして貧しい人のために、お金を使いました。スクルージは、お金よりももっと大切なことを知ったのでした。

---

⁹ ～을 위해 (- 為-)：～のために　기도 (祈禱)：祈り。기도를 하다で「祈る」の意

¹⁰ 미래：未来　맞다：迎える

죽음：死。죽다 (死ぬ) に名詞化の-음が付いた形

¹¹ 충격：衝撃

¹² 교회：教会　-게 되다：～することになる、～するようになる

9 빨간 머리 앤

TR09

루시 모드 몽고메리

1 에이번리**라는 마을**에 매슈와 마릴라라는 나이 든 **남매**가 살고 있었습니다. 두 사람은 **집안일을** [지반니를] **도울 수 있는** 남자아이를 **고아원**에서 **데려오기로** [도울 쑤] [인는] **했습니다.** 그러나 두 사람을 찾아온 것은 **삐삐 마르고 주근깨투성이**인 여자아이 앤이었습니다.

2 마릴라는 힘든 집안일에 **도움이 되지 않는다며** [안는다며] 여자아이를 **돌려보내려고** 했습니다. 그러나 매슈는 말이 많고 밝은 앤이 마음에 들었습니다. 마릴 [만코] [발근] 라도 사랑을 받지 못하고 자란 앤의 이야기를 듣 [받찌] [모타고] [애네] [듣] 고 마음이 **움직여** 앤을 **키우기로** 했습니다. 매슈 [꾀] 와 마릴라는 앤을 **자신들의** 진짜 아이처럼 예뻐 했습니다. 그리고 앤은 **뛰어난 상상력**으로 친구들 [상상녀그로]

赤毛のアン
ルーシー・モード・モンゴメリ

Lucy Maud Montgomery。1874〜1942年。カナダ・プリンスエドワード島生まれ。数多くの小説を執筆し、特に人気の高い『赤毛のアン』は多くの国で翻訳されている。他の作品に『アンの青春』『アンの愛情』など。

1 アボンリーという村に、マシューとマリラという年老いた兄妹が住んでいました。二人は家の仕事を手伝える男の子を、孤児院から連れてくることにしました。しかし、二人のところへやって来たのは、痩せっぽちでそばかすだらけの女の子、アンでした。

2 マリラは、力のいる家の仕事の役には立たないと、女の子を送り返そうとしました。しかしマシューはおしゃべりで明るいアンが気に入りました。マリラも、愛情を受けずに育ったアンの話を聞いて心が動き、アンを育てることにしました。マシューとマリラは、アンを自分たちの実の子のようにかわいがりました。そしてアンは優れた想像力

----

1 **〜라는**:〜という。-라고 하는 縮約形　**마을**:村　**남매（男妹）**:男と女がどちらも含まれたきょうだい。兄妹、姉弟　**집안일**:家事、家の仕事　**돕다**:助ける、手伝う　**-ㄹ 수 있다**:〜できる　**고아원**:孤児院　**데려오다**:連れてくる　**-기로 하다**:〜することにする　**삐삐**:ひどく痩せている様子。がりがり　**마르다**:乾く、痩せる　**주근깨**:そばかす　**-투성이**:〜だらけ

2 **도움이 되다**:助けになる、役に立つ　**-는다며**:〜と言いながら、〜と言って　**돌려보내다**:送り返す、追い返す　**움직이다**:動く　**키우다**:育てる　**자신**:自身、自分　**뛰어나다**:優れている　**상상력**:想像力

과 **주변** 어른들의 사랑을 받았습니다.

3 앤은 **항상** 열심히 공부하여 학교에서도 1, 2등
   [열씨미]   [학꾜]
을 **다투었습니다.** 매슈와 마릴라는 앤을 **자랑스럽**
                                    [자랑스럽
게 여겼고, 그 무엇과도 **바꿀 수 없었습니다.**
께] [여겯꼬]   [무얻꽈도]   [바꿀 쑤] [업썰씀니다]

4 어느 날 매슈가 앤에게 말했습니다.
                        [마랟씀니다]

5 "그 어떤 남자아이들보다도 네가 **좋단다.** 내 자
                                  [조탄다]
랑스러운 딸아."

6 그 후, 매슈는 세상을 **떠나고 말았습니다.** 앤은
혼자 남은 마릴라를 두고 **멀리 떨어진** 대학교에
다닐 수 없었습니다. 그래서 마을의 선생님이 되
기로 했습니다. 앤의 **라이벌**이었던 길버트가 선생
님 **자리를 양보해 준 것입니다.**

7 앤과 마릴라 두 사람은 에이번리에서 **행복하게**
                                    [행보카게]
살았고, 앤은 **멋진** 여성으로 **성장했습니다.**
[사랃꼬]   [먿찐]

で、友達や周りの大人からも愛されました。

³ アンはいつも一生懸命勉強し、学校でも1、2位を争いました。マシューとマリラはアンを誇りに思い、他の何とも換えることはできませんでした。

⁴ ある日、マシューがアンに言いました。

⁵ 「どんな男の子たちよりもおまえが好きなんだよ。私の自慢の娘よ」

⁶ その後、マシューはこの世を去ってしまいました。アンは、一人残ったマリラを置いて、遠く離れた大学へ行けませんでした。だから村の教師になることにしました。アンのライバルだったギルバートが、教師のポストを譲ってくれたのです。

⁷ アンとマリラの二人は、アボンリーで幸せに暮らし、アンはすてきな女性へと成長しました。

주변：周辺、周り

³ **항상 (恒常)**：常に、いつも　**다투다**：争う　**자랑스럽다**：誇らしい　**-게**：〜く、〜に　**여기다**：思う　**-ㄹ 수 없다**：〜できない

⁵ **-단다**：〜なんだよ

⁶ **세상 (世上)**：世の中、世界、世間　**-고 말다**：〜してしまう　**멀리**：遠く　**떨어지다**：離れる　**라이벌**：ライバル　**자리**：地位、座、ポスト　**양보하다 (讓步--)**：譲る　**-ㄴ 것이다**：〜したのである

⁷ **행복하다 (幸福--)**：幸せだ　**멋지다**：すてきだ、格好いい　**성장하다**：成長する

10 마지막 수업

[마지막 쑤업]

알퐁스 도데

1 나는 알자스에 사는 프란츠라고 합니다. 공부

보다 노는 것을 좋아하는 초등학생입니다.
　　　　　　　[조아하는]　　　　　[초등학쌩]

2 그날도 나는 프랑스어 수업에 지각을 했습니다.

선생님께 **혼이 날 것 같았습니다.** 그렇지만 선생님
　　　　　[날 껀 까탇씀니다]　　　　　　　[그러치만]

은 **부드럽게** 말했습니다.
　　[부드럽께]　　[마랟씀니다]

3 **"귀여운** 프란츠, 어서 자리에 앉으세요."
　　　　　　　　　　　　　　　　　　[안즈세요]

4 아이들은 **조용했습니다.** 마을의 할머니, 할아버

지, 아저씨, 아줌마도 모두 교실에 모여 있었습니

다. 선생님은 슬픈 얼굴로 이야기했습니다.

5 "오늘은 프랑스어 마지막 수업입니다."

6 프랑스가 프로이센에게 져서 이제는 프랑스어
　　　　　　　　　　　　　[저서]

를 **배울 수 없기** 때문이었습니다. 독일어만 써야
　　[배울 쑤]　　[업끼]

056

最後の授業
アルフォンス・ドーデ

Alphonse Daudet。1840〜97年。フランス・ニーム生まれ。詩人としてデビュー、小説家へ転身後フランスで最も有名な小説家の一人として名をはせた。他の作品に『風車小屋だより』『アルルの女』など。

[1] 僕はアルザスに住むフランツといいます。勉強よりも遊ぶことが好きな小学生です。

[2] その日も僕はフランス語の授業に遅刻しました。先生に怒られそうでした。だけど先生は優しく言いました。

[3] 「かわいいフランツ、早く席に着きなさい」

[4] 子どもたちは静かでした。村のおばあさん、おじいさん、おじさん、おばさんも皆、教室に集まっていました。先生は悲しい顔で話しました。

[5] 「今日はフランス語の最後の授業です」

[6] フランスがプロイセンに負けて、もうフランス語を学べないからです。

[2] 혼이 나다 (魂- --):怒られる、ひどい目に遭う -ㄹ 것 같다:〜しそうだ
　부드럽다:柔らかい、優しい   -게:〜く、〜に
[3] 귀엽다:かわいい
[4] 조용하다:静かだ   마을:村
[6] -ㄹ 수 없다:〜できない

합니다. 나는 마음이 아팠습니다. 프랑스어 공부

를 좀 더 열심히 **할걸**…….
[열씨미]　　　[할껄]

7　선생님은 이런 말도 해 주었습니다.

8　"여러분, **국어**를 지키면 **감옥**에서도 **열쇠**를 쥐고
[열쐬]

있는 **것이나 마찬가지입니다**."
[인는]

9　우리는 모두 열심히 선생님의 말씀을 들었습니다.

그런데 밖에서 프로이센**군**의 소리가 들려왔습니다.

그 후, 선생님은 **칠판**에 **글씨**를 크게 썼습니다.

10　'프랑스 **만세!**'

11　그렇게 수업이 끝났습니다.
[끈났씀니다]

ドイツ語だけを使わなければいけません。僕は胸が痛みました。フ
ランス語の勉強をもっと一生懸命やればよかった……。

7 先生はこんな話もしてくれました。

8 「皆さん、国語を守れば監獄でも鍵を握っているのと同じです」

9 僕たちは皆、一生懸命先生のお話を聞きました。すると、外からプ
ロイセン軍の声が聞こえてきました。その後、先生は黒板に文字を
大きく書きました。

10 「フランス万歳！」

11 このようにして授業は終わりました。

-ㄹ걸：～すればよかった

8 국어：国語　감옥：監獄　열쇠：鍵　쥐다：握る　～이나 마찬가지다：
　～も同然だ、～と同じだ

9 군：軍　칠판 (漆板)：黒板　글씨：文字

10 만세：万歳

11 목걸이

[목꺼리]

기 드 모파상

1 **가난한** 한 부부가 살고 있었습니다. 아내 마틸
[가나난]
드는 매우 아름다운 여자였습니다. 어느 날, 남편
은 마틸드에게 **파티 초대장**을 주었습니다. 그러나
[초대짱]
마틸드는 입을 옷이 **없다고** 하였습니다. 남편은
[업따고]
아내를 **위해** 새 옷을 선물하였습니다. 그러나 마
[선무라열씀니다]
틸드는 기뻐하지 않았습니다. 이번에는 목걸이가
[아낟씀니다]
없다는 것이었습니다. 마틸드는 **부자** 친구인 포레
스티에를 찾아갔습니다. **다행히** 포레스티에가 마
틸드에게 다이아몬드 목걸이를 **빌려주었습니다.**

2 마틸드는 남편과 함께 파티장에 갔습니다. 많
[마
은 남자들이 마틸드에게 말을 걸었습니다.
는]

3 "정말 아름다우시네요."

首飾り
ギ・ド・モーパッサン

Guy de Maupassant。1850〜93年。フランス・ノルマンディー生まれ。自然主義文学の代表的な作家で、短編小説の名手として評価が高い。他の作品に短編小説『脂肪の塊』、長編小説『女の一生』など。

1 貧しいある夫婦が住んでいました。妻のマチルドはとても美しい女性でした。ある日、夫はマチルドにパーティーの招待状を渡しました。しかしマチルドは着る洋服がないと言いました。夫は妻のために新しい洋服をプレゼントしました。しかしマチルドは喜びませんでした。今度はネックレスがないと言うのです。マチルドは金持ちの友達のフォレスチエを訪ねていきました。幸いにもフォレスチエがマチルドに、ダイヤモンドのネックレスを貸してくれました。

2 マチルドは夫と一緒にパーティー会場に行きました。多くの男性たちがマチルドに声を掛けました。

3 「本当にお美しいですね」

목걸이：首飾り、ネックレス

1 **가난하다**：貧しい、貧乏だ　　**파티**：パーティー　　**초대장**：招待状　　**-다고**：〜だと　　**〜를 위해 (- 為-)**：〜のために　　**-다는**：〜だと言う。-다고 하는의 縮約形　　**-는 것이다**：〜するのである　　**부자 (富者)**：金持ち　　**다행히 (多幸-)**：幸いにも　　**빌려주다**：貸す、貸してあげる、貸してくれる

4   "무슨 말씀을요. 호호호."
[말쓰믈료]

5   마틸드는 **즐거운** 시간을 보냈습니다. 그런데 파티에서 돌아온 마틸드는 놀랐습니다. 목걸이가 **없**
[업]
어졌기 때문입니다. 마틸드는 남편과 같이 목걸이
써절끼]   [가치]
를 열심히 찾았습니다. 그러나 목걸이는 없었습니
[열씨미]
다. 그래서 **하는 수 없이** 돈을 빌려 잃어버린 목걸
[이러버린]
이와 같은 것을 샀습니다. 그리고 두 사람은 더욱
가난해졌습니다. 부부는 10년간 열심히 일했습니
[심년간]   [이랟씀니
다.
다]

6   어느 일요일, 마틸드는 거리에서 포레스티에를
만났습니다. 마틸드는 포레스티에에게 10년간의
이야기를 했습니다. **그러자** 포레스티에가 **놀라며**
말했습니다.
[마랟씀니다]

7   "그 목걸이는 진짜가 **아니었는데.**"
[아니언는데]

⁴「とんでもないですわ。ほほほ」

⁵ マチルドは楽しい時間を過ごしました。ところがパーティーから戻っ
　たマチルドは驚きました。ネックレスがなくなったからです。マチル
　ドは夫と一緒にネックレスを一生懸命捜しました。しかしネックレス
　はありませんでした。それで仕方なくお金を借りて、なくしたネック
　レスと同じものを買いました。そして二人はさらに貧しくなりました。
　夫婦は10年間一生懸命働きました。

⁶ ある日曜日、マチルドは道でフォレスチエに会いました。マチルドは
　フォレスチエに10年間の話をしました。するとフォレスチエは驚いて
　言いました。

⁷「あのネックレスは本物じゃなかったのに」

....

⁵ 즐겁다：楽しい　없어지다：なくなる　하는 수 없이：仕方なく
⁶ 그러자：すると　-며：〜しながら
⁷ -는데：〜なのに

12 어린 왕자

TR12

앙투안 드 생텍쥐페리
[생텍쥐페리]

1 작은 별에 어린 왕자가 살고 있었습니다. 이곳에서는 다른 별들이 보입니다.

2 '저 별에는 누가 살고 있을까?'

3 어린 왕자는 다른 별로 여행을 떠났습니다. 그리고 많은 어른들을 만났습니다. 가진 것만으로
[마는]   [건마느로]
사람을 **판단하는** 어른들, 술을 마시는 것이 **부끄**
[판다나는]
러워서 술을 마시는 아저씨, 별을 세어서 **부자가**

되려는 아저씨⋯⋯. 어린 왕자는 어른들을 **이해할**
[이해할
수 없었습니다.
쑤] [업썯씀니다]

4 "어른들은 정말 **이상해.**"

5 어린 왕자는 **지구가** 좋은 **별이라고** 들었습니다.
[조은]
그래서 지구에 갔습니다. 그곳에는 **여우가** 있었습

星の王子さま (幼い王子)
アントワーヌ・ド・サンテグジュペリ

Antoine de Saint-Exupéry。1900〜44年。フランス・リヨン生まれ。空軍、民間の飛行士として活動しながら創作活動を行い、飛行機に関する作品を多数残した。他の作品に『戦う操縦士』『夜間飛行』など。

1 小さな星に幼い王子が住んでいました。ここからは他の星々が見えます。

2「あの星には誰が住んでいるのだろう?」

3 幼い王子は他の星へ旅に出ました。そしてたくさんの大人たちに会いました。持っている物だけで人を判断する大人たち、お酒を飲むことが恥ずかしくてお酒を飲んでいるおじさん、星を数えてお金持ちになろうとするおじさん……。幼い王子は大人たちが理解できませんでした。

4「大人たちは本当におかしいな」

5 幼い王子は、地球が良い星だと聞きました。それで地球に行きまし

....

왕자:王子
3 **판단하다**:判断する **부끄럽다**:恥ずかしい **부자(富者)**:金持ち **-려는**:〜しようとする。-려고 하는の縮約形 **-ㄹ 수 없다**:〜できない
4 **-어**:〜だよ
5 **지구**:地球 **-라고**:〜だと **여우**:キツネ

니다.

6 "안녕? 여우야. 같이 **놀자**."
[가치]

7 **그러자** 여우가 어린 왕자에게 말했습니다.
[마랜씀니다]

8 "우리는 같이 놀 수 없어. 너는 나에게 하나밖

에 없는 남자아이가 되어야 해. 그리고 나는 너에
[엄는]

게 하나밖에 없는 여우가 되어야 해."

9 어린 왕자는 여우의 말을 잘 들었습니다. 그리
[여우에]

고 친구가 무엇**인지** 생각했습니다.
[생가캗씀니다]

10 여우는 어린 왕자에게 **비밀** 하나를 가르쳐 주
[가르처]

었습니다.

11 "**진실**은 마음으로 **볼 수 있어**. 정말 **소중한** 것

은 눈에 보이지 않아."

12 이때 어린 왕자는 여우의 말을 마음속으로 기
[마음쏘그로]   [기

억했습니다.
어캗씀니다]

た。 そこにはキツネがいました。

⁶「こんにちは。 キツネさん。 一緒に遊ぼうよ」

⁷ するとキツネが幼い王子に言いました。

⁸「僕たちは一緒に遊べないよ。 君は僕の、1人しかいない男の子に
ならないといけない。 そして僕は君の、1匹しかいないキツネになら
ないといけない」

⁹ 幼い王子は、キツネの言葉をちゃんと聞きました。 そして親友とは何
かを考えました。

¹⁰ キツネは幼い王子に、秘密を一つ教えてあげました。

¹¹「真実は心で見られるんだ。 本当に大切なものは、目には見えないん
だ」

¹² この時、幼い王子はキツネの言葉を、心の奥に記憶しました。

....

⁶ -자 : 〜しよう

⁷ 그러자 : すると

⁹ -ㄴ지 : 〜なのか

¹⁰ 비밀 : 秘密

¹¹ 진실 : 真実　　-ㄹ 수 있다 : 〜できる　　소중하다 (所重--) : 大切だ

第 2 章

ハン検 3 級レベル

13 마지막 잎새

TR13

오 헨리
[헬리]

¹ 워싱턴 **광장** 근처 **네거리**에 **화가**들이 사는 곳이 있었다. 그곳의 어느 집 3층에 **가난한** 화가 수와 존시의 **화실**이 있었다. 두 사람은 **8번가** 식당에서 만났고, 예술과 옷 등의 취미가 잘 맞아 함께 화실을 만들었다.

² **찬바람**이 부는 11월 어느 날 존시가 **폐렴**에 **걸리고** 말았다. 그녀는 **침대**에 누워 **꼼짝**도 하지 않고 **창밖**만
[안코]   [창방만]
바라보았다.

³ "앞으로 살 가능성이 10분의 1밖에 되지 않아요."
[가능썽]
존시를 **진단한** 의사는 수에게 말했다. "그 가능성이란 살고 싶어 하는 의지예요. 환자에게 **살려는** 의지가 없어요." 의사가 돌아간 뒤 수는 **펑펑** 울었다.

最後の一葉
オー・ヘンリー

O. Henry（☞P.019）。日本同様に、韓国でも教科書や英語教材で紹介され、広く知られている作品。他の作品に『警官と賛美歌』『二十年後』『賢者の贈り物（☞P.018）』など。

¹ ワシントンスクエア付近の十字路に、画家たちが暮らす場所があった。そこのある家の3階に貧しい画家スーとジョンジーのアトリエがあった。二人は8番街のレストランで出会い、芸術や服などの趣味がよく合い、一緒にアトリエを作った。

² 冷たい風の吹く11月のある日、ジョンジーが肺炎にかかってしまった。彼女はベッドに横たわり、身動きせずに窓の外ばかり眺めていた。

³「これから生きられる可能性は10分の1しかありません」。ジョンジーを診断した医者はスーに言った。「その可能性とは生きたいという意志です。患者に生きたいという意志がないのです」。医者が帰った後、スーは泣き

....

잎새：葉っぱ。잎새は잎사귀の非標準語だが、よく使われる

¹ 광장：広場　네거리：十字路　화가：画家　가난하다：貧しい、貧乏だ　화실（画室）：アトリエ　8번가：8番街

² 찬바람：冷たい風　폐렴：肺炎　-고 말았다：～してしまった　침대（寝台）：ベッド
꼼짝：身じろぎ。꼼짝도 하지 않다で「身じろぎもしない」　창밖（窓-）：窓の外。창は창문（窓門）の縮約形　바라보다：眺める

³ 진단하다：診断する　-려는：～しようとする。-려고 하는の縮約形　펑펑：液体がどんどん出てくる様子

⁴   잠시 후에 **울음**을 **그치고** 존시가 누워 있는 방으로
갔다. 이때 무언가를 **거꾸로** 세는 존시의 모습이 눈에
[읻는]
들어왔다. 열둘, 열하나…… 여덟, 일곱…… 존시는 **건너**
편 벽에 붙은 **담쟁이** 잎을 세고 있었다. 그런데 존시는
[열뚤]
저 담쟁이 잎이 다 떨어지면 자기도 죽는다는 생각을
하는 것이 아닌가. 수는 "어머, 그런 바보 같은 얘기는
처음 들어."라고 했지만, 존시의 생각은 **바뀌지** 않았다.

⁵   수는 아래층에 사는 베어먼 노인에게 찾아갔다. 베
어먼은 실패한 화가였다. 존시의 이야기를 베어먼에게
했더니, '잎새가 떨어지면 죽는다는 생각은 말도 안 된
다'며 화를 냈다. 그리고 두 사람은 걱정스럽게 창밖을
보았다. **눈비**가 내리고 있었다.

⁶   다음 날 아침, 창밖을 보고 싶다는 존시의 말에 수
는 '잎새가 다 떨어졌으면 **어떡하지**?' 하면서 걱정했다.
[어떠카지]
그런데 걱정과는 달리 한 잎이 벽에 붙어 있었다. 그리
고 떨어지지 않았다. 다음 날도, 다음 날도 잎은 떨어

じゃくった。

4 少し後で泣きやみ、ジョンジーが横たわっている部屋に行った。この時、何かを逆に数えるジョンジーの姿が目に映った。12、11……、8、7……、ジョンジーは向かいの壁に付いているツタの葉を数えていた。ところがジョンジーは、そのツタの葉が全て落ちたら自分も死ぬと考えているではないか。スーは「おやまあ、そんなばかげた話は初めて聞いたわ」と言ったが、ジョンジーの考えは変わらなかった。

5 スーは下の階に暮らしている老人、ベアマンを訪ねた。ベアマンは失敗した画家だった。ジョンジーの話をベアマンにすると、「葉っぱが落ちたら死ぬなんて考えは話にならない」と怒った。そして二人は不安げに窓の外を見た。みぞれが降っていた。

6 翌日の朝、窓の外を見たいというジョンジーの言葉に、スーは「葉っぱが全部落ちていたらどうしよう?」と心配した。しかし心配とは違い、1枚の葉が壁に付いていた。そして落ちなかった。次の日も、その次の日も

---

4 울음：泣くこと。울다に名詞形を作る-음が付いた形　그치다：やめる。울음을 그치다で「泣きやむ」　거꾸로：反対に、逆に　건너편 (--便)：向かい側　담쟁이：ツタ　바뀌다：変わる

5 했더니：～したところ。話者の行動によって変化が起きることを表す　눈비：みぞれ。雪と雨が混じった天気を指す　어떡하지：どうしよう。어떡하다は어떻게 하다の縮約形

지지 않고 그대로였다. 존시는 **그제서야** 말했다. "죽고

싶다고 **생각하다니**…… 나쁜 생각이었어. 수프를 좀

[생가카다니]

줘."

7   오후에 의사가 왔다. 이제 크게 걱정하지 않아도 좋다

[조타

고 했다. 그런데 아래층의 베어먼 노인이 폐렴으로 중한

고]

상태라고 했다. 그리고 이틀 후에 베어먼은 죽었다. 사실

그 마지막 잎새는 베어먼이 눈비가 내리던 밤에 벽에 그

린 그림이었던 것이다. 그의 일생 최고의 **걸작**이었다.

[일쌩]   [걸짜기얻따]

葉は落ちず、そのままだった。ジョンジーはついに言った。「死にたいと
思うだなんて……いけない考えだったわ。スープをちょうだい」

[7] 午後に医者が来た。もうそんなに心配しなくてもいいと言った。しかし下
の階の老人ベアマンが、肺炎で重体だとのことだった。そして二日後ベア
マンは死んだ。本当は、あの最後の葉はベアマンがみぞれの降った夜に
壁に描いた絵だったのだ。彼の一生で最高の傑作だった。

그제서야：その時になってようやく **-다니**：〜するなんて

[7] **걸작**：傑作

14 로미오와 줄리엣

TR14

윌리엄 셰익스피어

1 베로나 시의 몬터규가의 아들 로미오는 로잘린이라는 젊은 여성에게 매일매일 열심히 사랑을 **고백했다**. 그
[열씨미]   [고배캗따]
러나 로잘린은 언제나 차가웠고 로미오는 크게 **실망하고** 있었다.

2 그러던 어느 날 로미오는 **무도회**에서 줄리엣이라는 아름다운 여성을 보고 **한눈에 반해** 버렸다. 무도회가
끝나고 로미오는 줄리엣의 저택으로 **몰래** 숨어들어갔
[끈나고]
다. 그런데 줄리엣이
혼자 발코니에 나와
로미오를 향한 사랑
을 말하기 시작했다.
[시자캗따]

ロミオとジュリエット
ウィリアム・シェークスピア

William Shakespeare。1564〜1616年。英国ストラトフォード・アポン・エイボン生まれ。四大悲劇『ハムレット』『オセロー』『マクベス』『リア王』や『ベニスの商人 (☞P.038)』などの傑作を残した。

[1] ベローナ市のモンタギュー家の息子ロミオは、ロザラインという若い女性に毎日毎日、熱心に愛を告白していた。しかしロザラインはいつも冷たく、ロミオはひどく失望していた。

[2] そうしたある日、ロミオは舞踏会でジュリエットという美しい女性を見て、一目で恋に落ちてしまった。舞踏会が終わり、ロミオはジュリエットの屋敷へとこっそり忍び込んだ。するとジュリエットが一人でバルコニーに出てきて、ロミオへの愛を口にし始めた。

[1] 고백하다：告白する　실망하다：失望する

[2] 무도회 (舞踏会)：舞踏会　한눈에 반하다：一目でほれる　몰래：分からないように、こっそりと

³   이를 들은 로미오는 기쁜 나머지 줄리엣 앞으로 뛰어나갔고 두 사람은 서로 사랑을 **맹세했다.** 두 사람은 로렌스 **신부님**의 도움으로 몰래 결혼식을 올리고 부부
[신분니메]
가 되었다.

⁴   그런데 두 사람의 사랑에는 큰 문제가 있었다. 몬터규가인 로미오의 집과 캐풀렛가인 줄리엣의 집은 아주 오랫동안 서로 **원수**처럼 지냈던 것이다. 거리는 항상 두 집의 싸움으로 몹시 시끄러웠다. 로렌스는 두 사람이 **결혼함으로써** 양가의 싸움이 그치기를 바랐다.

⁵   그날 밤, 또 다시 거리에서 싸움이 일어났다. 싸움
[그날 빰]
중에 로미오의 친구가 죽게 되자, 로미오는 참지 못하
[참찌] [모타
고 **살인**을 한다. 죽은 사람은 줄리엣의 사촌이었다. 이
고]
일 때문에 로미오는 시에서 **쫓겨나게** 되었고, 줄리엣은 아버지의 **권유**로 다른 사람과 결혼을 약속해야 했다.
[약쏘캐야]
⁶   줄리엣이 신부님에게 달려가 **도와 달라고** 했다. **그러자** 신부님은 약을 하나 주었다. 줄리엣은 결혼식 날에
[겨론싱 나레]

078

³ これを聞いたロミオは喜びのあまりジュリエットの前に飛び出し、二人は
　互いに愛を誓った。 二人はロレンス神父の助けでひそかに結婚式を挙げ、
　夫婦となった。

⁴ ところで、二人の愛には大きな問題があった。 モンタギュー家であるロミ
　オの家とキャピュレット家であるジュリエットの家は、非常に長い間、互
　いに仇敵のように過ごしてきたのである。街は常に、二つの家の争いでと
　ても騒がしかった。 ロレンスは、二人が結婚することによって、両家の争
　いが終わることを願った。

⁵ その日の夜、再び街で争いが起こった。 争いの中、ロミオの友人が殺さ
　れると、ロミオは我慢できずに殺人を犯す。 死んだのはジュリエットのい
　とこであった。 この出来事のためにロミオは市から追い出されることにな
　り、ジュリエットは父の勧めで他の人と結婚を約束しなければならなかっ
　た。

⁶ ジュリエットは神父の所へ駆け付け、助けてくれと言った。 すると神父は、

....

³ **맹세하다** (盟誓--) : 誓う。「誓」の漢字音は本来서だが、この単語では세となっている　　**신
　부님** : 神父様

⁴ **원수** (怨讐) : 敵、仇敵、かたき　　**-ㅁ으로써** : 〜することによって。名詞形を作る語尾-ㅁと、
　助詞の〜으로써 (〜を用いて) からできている

⁵ **살인** : 殺人　　**쫓겨나다** : 追い出される、追われ出る。쫓기다 (追われる) と나다 (出る) から
　できている　　**권유** (勧誘) : 勧め

⁶ **-아 달라고** : 〜してくれと。依頼表現を引用形にするときは、주다ではなく달다という別の単
　語を用いる。달라고は、달다に命令引用形語尾の-라고が付いた形　　**그러자** : すると

약을 먹고 쓰러졌다.

7 줄리엣이 죽었다는 이야기를 들은 로미오가 줄리엣을 찾아와 눈물을 흘렸다. 로미오는 줄리엣이 얼마 동안 죽은 사람처럼 보였다가 다시 깨어난다는 사실을[얼마 똥안] 알지 못했다. 몹시 **절망한** 로미오는 스스로 **독약**을 먹고 줄리엣의 옆에서 죽었다.

8 한참 뒤에 깨어난 줄리엣은 로미오의 죽음 앞에서 슬픔과 고통을 **이기지** 못했다. 줄리엣은 칼로 자기 가슴을 **찔러 죽고 말았다.**

9 두 사람의 죽음을 슬퍼한 캐풀렛가와 몬터규가의 사람들은 자신들의 **어리석음**을 알게 되었고, 양가에는 마침내 화해의 길이 열리게 되었다.

薬を一つ与えた。ジュリエットは結婚式の日に薬を飲み、倒れた。

7 ジュリエットが死んだという話を聞いたロミオがジュリエットの所へやって来て、涙を流した。ロミオは、ジュリエットがしばらくの間死人のように見えた後、再び目を覚ますという事実を知らなかった。ひどく絶望したロミオは自ら毒薬を飲み、ジュリエットの横で死んだ。

8 しばらくして目を覚ましたジュリエットは、ロミオの死を前に、悲しみと苦痛をこらえきれなかった。ジュリエットは短刀で自らの胸を刺し、死んでしまった。

9 二人の死を悲しんだキャピュレット家とモンタギュー家の人々は自分たちの愚かさに気付き、両家にはついに和解の道が開かれることとなった。

---

7 절망하다：絶望する　독약：毒薬

8 이기다：勝つ、打ち勝つ、こらえる。勝負に勝つだけではなく、感情や衝動、誘惑などに打ち勝つという意味でも用いる　찌르다：刺す　-고 말다：～してしまう

9 어리석음：愚かさ。어리석다 (愚かだ) に名詞形語尾の-음が付いた形

15 왕자와 거지

TR15

마크 트웨인

1   16세기 영국에 얼굴이 똑같이 닮은 두 소년이 있었
[심뉵쎄기]   [똑까치]
다. 한 사람은 **빈민가**에서 태어난 톰 캔티였고, 또 다

른 한 사람은 헨리 8세의 아들로 태어난 에드워드 왕
               [헬리]   [팔쎄]
자였다.

2   톰은 거지이며 할머니와 아버지에게 자주 **매**를 맞는
                                               [만는
다. 그러나 **왕궁** 생활에 대한 **동경**을 가졌다. 왕자가
다]
되어 왕궁에서 **귀염**을 받으며 **멋지게** 사는 상상을 매일
                                               [매일
밤 한다. 그리고 **진짜** 왕자를 만나는 꿈을 꾼다.
빰]

3   어느 날 톰은 거리를 **헤매다** 왕궁에까지 이르렀다.

그리고 마침내 진짜 왕자의 모습을 **보게 되었다**. 이때

톰의 더러운 모습을 본 한 **병사**가 그를 **내쫓으면서**

王子とこじき
マーク・トウェイン

Mark Twain（☞P.013）。米国の作家であるトウェインが、後の16世紀のイングランド王子エドワード（後の国王エドワード6世）を主人公にして書いた児童文学。他の作品に『トム・ソーヤの冒険（☞P.012）』『ハックルベリー・フィンの冒険』など。

¹ 16世紀のイギリスに、顔がそっくりの二人の少年がいた。一人はスラム街に生まれたトム・キャンティであり、もう一人はヘンリー8世の息子に生まれたエドワード王子であった。

² トムはこじきで、祖母と父にしょっちゅうたたかれている。しかし、王宮生活に対する憧れを持っている。王子になって王宮でかわいがられながらすてきに暮らす様子を毎晩想像している。そして、本物の王子に会う夢を見る。

³ ある日、トムは街をさまよっていて王宮にまでたどり着いた。そしてついに本物の王子の姿を目にした。このときトムの汚い姿を見た一人の兵士

. . . .

왕자：王子　**거지**：こじき

¹ **빈민가 (貧民街)**：スラム街

² **매**：むち。매를 맞다（むちを打たれる、叱られる）のように使い、主に子どもが叱られることを指す。ここでは「たたかれている」とした　**왕궁**：王宮　**동경 (憧憬)**：憧れ　**귀염**：愛らしさ、かわいがること。귀염을 부리다（愛らしさを振りまく）、귀염을 받다（かわいがられる）のように使う　**멋지다**：すてきだ　**진짜 (真-)**：本物

³ **헤매다**：さまよう　**-다**：～していて。-다가（～していて）の縮約形　**-게 되다**：～することになる。自分の意志と関わりなく、出来事が起こることを表す　**병사**：兵士　**내쫓다**：追い払う

야단을 쳤다. 이 모습을 본 왕자는 톰을 불쌍하게 생
[생
각하여, **궁** 안으로 데려가 먹을 것을 주었다.
가카여]   [머글 꺼슬]

⁴   톰이 바깥 세상 이야기를 왕자에게 **들려주었더니**, 왕

자는 아주 **재미있어했다**. 남자아이들의 달리기며 물놀
[물로

이, **진흙놀이** 얘기에 빠진 왕자는 옷을 바꿔 입자고 톰
리] [지능노리]

에게 **제안했다**. 왕자는 자유를 **맛보고** 싶었고 톰은 **번**

쩍이는 왕자의 옷을 입어 보고 싶었다. 그렇게 둘은 옷
[그러케]

을 바꿔 입었다.

が、彼を追い払って叱りつけた。この姿を見た王子はトムをかわいそうに思い、王宮の中に連れていって食べ物を与えた。

⁴ トムが外の世界の話を王子に聞かせたところ、王子はとても面白がった。男の子たちの駆けっこや水遊び、泥んこ遊びの話に夢中になった王子は、服を取り換えようとトムに提案した。王子は自由を味わいたかったし、トムはきらめく王子の服を着てみたかった。そうして、二人は服を取り換えた。

- -

야단 (惹端)：大騒ぎ、大声で叱ること。야단나다 (大騒ぎになる)、야단을 치다 (大声で叱る)、야단을 맞다 (大声で叱られる) などのように使われる　**궁** (宮)：王宮

⁴ **-었더니**：〜したところ　**재미있어하다**：面白がる。재미있다 (面白い) に-아/어하다 (〜がる) が付いた形　**진흙놀이**：泥んこ遊び　**제안하다**：提案する　**맛보다**：味わう　**번쩍이다**：きらめく。擬態語の번쩍 (きらっと) に、動詞を作る接尾辞の-이다が付いた形

5   거지의 옷을 입은 왕자가 톰을 **놔두고** 문 밖으로 나
가자, 병사가 왕자를 때리고 궁 밖으로 내쫓았다.

6   거지 옷을 입은 왕자가 아무리 "나는 왕자다!"라고
주장해도 **얻어맞기만 했다.** 왕자가 된 거지가 아무리
"나는 왕자가 아니라 톰 캔티입니다."라고 해도 믿어 주
지 않았다. 사람들은 왕자가 공부를 너무 많이 해서
미쳤다고 생각했다.

7   **쫓겨난** 왕자는 톰의 집을 찾아갔다. 그곳에서 톰이
그랬던 것처럼 매를 맞았고, 제대로 먹지도 못했다. 왕
자는 **가난한** 사람들을 보면서 교육과 정치가 인간의
[모탠따]
생활에 얼마나 큰 영향을 주는지 **깨닫게** 되었다. 그리
고 왕궁으로 돌아가면 좋은 왕이 되어야겠다고 생각
했지만, 여전히 사람들은 왕자를 알아보기**는커녕** 왕자
처럼 행동하는 미친 아이로 **여겼다.**

8   한참 뒤 왕이 죽었다는 소식이 들렸다. 게다가 **가짜**
가 **왕위**에 오른다는 사실도 알게 되었다.

⁵ こじきの服を着た王子がトムを置いてドアの外に出ていくと、兵士が王子をたたいて王宮の外に追い払った。

⁶ こじきの服を着た王子がいくら「私は王子だ！」と主張しても、たたかれるばかりだった。王子になったこじきがいくら「僕は王子じゃなくてトム・キャンティです」と言っても信じてくれなかった。人々は王子が勉強のし過ぎでおかしくなったのだと思った。

⁷ 追い出された王子はトムの家を訪ねた。そこでトムがそうだったようにたたかれ、ちゃんと食べることもできなかった。王子は貧しい人々を見ながら、教育と政治が人間の生活にどれだけ大きな影響を与えるのかを悟った。そして、王宮へ戻ったら良い王にならなければと思ったが、相変わらず人々は王子だと分かるどころか、王子のように行動するおかしな子どもと考えた。

⁸ しばらくして、王が死んだという知らせが入ってきた。さらに、偽物が王位に就くという事実も知った。

....

⁵ 놔두다：放っておく。놓아두다（放っておく）の縮約形

⁶ 얻어맞다：たたかれる　-기만 하다：ただただ〜する、〜するばかりだ　미치다：狂う、おかしくなる

⁷ 쫓겨나다：追い出される、追われ出る。쫓기다（追われる）と나다（出る）からできている
가난하다：貧しい　깨닫다：悟る　〜는커녕：〜はおろか、〜どころか。〜는（〜は）と〜커녕（〜どころか）という二つの助詞が合わさった形　여기다：思う、感じる

⁸ 가짜（仮-）：偽物　왕위：王位

⁹ 한편 톰은 자신이 진짜 왕이 될 수도 있다는 생각에
[될 쑤]
가슴이 뛰었다. 그러나 왕자를 보려고 모인 사람들 속
[사람들 쏘
에서 어머니를 발견하고 괴로워했다.
게서]
¹⁰ 드디어 **대관식** 날. **주교**가 톰의 머리에 **왕관**을 **얹으려**
[대관싱 날]
고 손을 들었을 때였다. 사람들 속에서 "왕은 나다!"라
고 에드워드가 소리쳤다. 사람들이 에드워드를 **붙잡으**
려고 하자, 톰이 "그 손을 놓아라! 그분이 왕이시다."
하며, 에드워드 앞에 무릎을 **꿇었다.** 그러나 사람들은
믿지 않았다. 그리고 잃어버린 **옥새**가 어디에 있는지 말
[인는지]
해 보라고 **다그쳤다.** 왕자는 옥새가 있는 곳을 정확히
[인는]   [정화키]
말했다. 사람들이 "진짜 왕 만세!"를 외쳤고 에드워드
는 **무사히** 왕의 자리에 앉았다.

⁹一方トムは、自身が本物の王になるかもしれないという思いに胸が躍った。しかし、王子を見ようと集まった人々の中から母を発見して、いたたまれない気分になった。

¹⁰ついに戴冠式の日。主教がトムの頭に王冠をかぶせようと手を持ち上げたときだった。人々の中から「王は私だ！」とエドワードが叫んだ。人々がエドワードを取り押さえようとすると、トムが「その手を離せ！ そのお方が王であらせられる」と言い、エドワードの前に膝を突いた。しかし人々は信じなかった。そしてなくなった玉璽（ぎょくじ）がどこにあるのか言ってみろと詰め寄った。王子は玉璽がある場所を正確に告げた。人々は「本物の王、万歳！」と叫び、エドワードは無事に王の座に就いた。

---

¹⁰ 대관식：戴冠式　주교：主教　왕관：王冠　얹다：載せる、置く　붙잡다：つかむ、取り押さえる、引き止める　꿇다：膝を突く、ひざまずく。끓다（沸く）とは母音が異なっているので注意　옥새：玉璽。王が用いる印章　다그치다：詰め寄る、迫る、せき立てる　무사히：無事に

16 성냥팔이 소녀

TR16

한스 안데르센

1 한 해의 마지막 날이었다. 날은 춥고 눈이 **펑펑** 내리
[마지막 나리얻따]
고 있었다. 한 소녀가 **꽁꽁** 언 손을 호호 불며 "성냥
사세요." "성냥 사세요."를 외쳤다. 그러나 사람들은 **무
심히** 지나쳤다.

2 옷이 얇은 소녀는 몹시 추웠다. 그리고 제 발보다 훨
씬 큰 신발은 걸을 때마다 자꾸만 **벗어졌다.** 그나마도
마차를 피하다 한 짝을 잃어버렸고, 나머지 한 짝은 **거
지**가 주워 가 버렸다. 소녀는 맨발로 차가운 땅을 걸었
다.

3 **어느덧** 날은 점점 어두워지고 있었다. 소녀는 어떤 집
[어느던 나른]
앞에서 멈추었다. 창문**으로** 보이는 그 집에는 **따듯한
난로**가 있었고, 식탁에는 맛있는 음식이 차려져 있었
[날로]   [마신는]

マッチ売りの少女
ハンス・アンデルセン

Hans Andersen。1805〜75年。デンマーク・オーデンセ生まれ。デンマークを代表する童話作家で詩人。貧しい家庭に育ち、70歳の生涯を通じて約150編の童話を書いた。本作品は1848年に発表された創作童話。『新童話集』に収録。

1 ある年の最後の日だった。寒く、雪がこんこんと降っていた。ある少女がかちかちに凍った手にはあと息を吹きながら「マッチ買ってください」「マッチ買ってください」と叫んだ。しかし、人々は無関心に通り過ぎた。

2 薄手の服を着ていた少女は、とても寒かった。そして、自分の足よりはるかに大きい靴は、歩くたびに何度も脱げた。その上、馬車をよけた際に、片方をなくしてしまい、もう片方はこじきに持っていかれてしまった。少女ははだしで冷たい地面を歩いた。

3 いつの間にか、日はだんだんと暗くなってきていた。少女はある家の前で止まった。窓から見えるその家には暖かい暖炉があり、テーブルには

성냥：マッチ

1 **펑펑**：雪が勢いよく降る様子、こんこん。液体がどんどん出てくる様子、じゃあじゃあ　　**꽁꽁**：硬く凍り付く様子、かちかち　　**무심히**（無心-）：무심히には大きく二つの意味がある。一つは「関心を向けずに、無関心に」、もう一つは「何となく、何気なく」である。ここでは前者の意味

2 **벗어지다**：脱げる。벗다（脱ぐ）に-어지다が付いた形　　**거지**：こじき

3 **어느덧**：いつの間にか　　**〜으로**：〜から。「窓から（光が差し込む）」「穴から（のぞく）」など、ある部分が経路になっていることを表すときは〜(으)로を用いる　　**따뜻하다**：あたたかい。따뜻하다よりも柔らかい印象を与える　　**난로**：暖炉

다. '아, 맛있겠다.' 소녀는 **침을 꿀꺽 삼켰다**. 웃고 있는
[인는]
그 집의 가족들을 보자 부러운 마음도 **들었다**.

4   더 걸을 힘이 없는 소녀는 차가운 길바닥에 **앉고는**
[엄는]   [길빠다게]   [안꼬는]
가지고 있던 성냥을 하나 **그었다**. **그러자** 눈앞에 난로
가 나타났다. 소녀가 난로를 향해 손을 **뻗었다**. "아, 따
듯해." 그런데 성냥은 금방 꺼져 버렸다. 성냥불이 꺼지
[성냥뿌리]
자 난로도 없어졌다.

5   성냥을 하나 더 그었다. **그랬더니** 이번에는 눈앞에
맛있는 음식이 나타났다. 소녀가 음식을 먹으려고 손
을 뻗었는데 그만 성냥불이 꺼지고 말았다. 이때 하늘
[뻐던는데]
을 바라보는 소녀의 눈에 **별똥별**이 보였다. '누가 죽었
[주건]
나 보다. 우리 할머니가 별똥별이 떨어지면 하느님께
나]
가는 거랬어.' 소녀가 속으로 생각했다.
[생가캔따]

おいしい料理が用意されていた。「あ、おいしそう」。少女は唾をごくりと飲み込んだ。笑っているその家の家族を見ると、うらやましい気持ちにもなった。

⁴ もう歩く力のない少女は、冷たい道端に座ると、持っていたマッチを一つ擦った。すると、目の前に暖炉が現れた。少女が暖炉に向かって手を伸ばした。「ああ、暖かい」。だが、マッチはすぐに消えてしまった。マッチの火が消えると、暖炉もなくなった。

⁵ マッチをもう一つ擦った。すると、今度は目の前においしい料理が現れた。少女が料理を食べようと手を伸ばしたが、マッチの火はすぐに消えてしまった。この時、空を眺める少女の目に流れ星が見えた。「誰か死んだみたい。おばあちゃんが、流れ星が落ちたら神様の所に行くんだって言ってたわ」。少女は心の中で考えた。

....

침：唾、よだれ　꿀꺽：液体を飲み込む様子、ごくり　삼키다：飲み込む　들다：(気持ちが)する、(気持ちに)なる。마음 (気持ち)や기분 (気分)、생각 (考え)、느낌 (感じ)などの単語と一緒に使われて、感情や考えが生じることを表す

⁴ -고는：〜して。さまざまな意味があるが、ここでは-고の強調として用いられている　긋다：(マッチを)擦る、(線を)引く　그러자：すると　뻗다：伸ばす、伸びる

⁵ -었더니：〜したところ　별똥별：流れ星

6　소녀는 바삐 성냥을 또 그었다. 그러자 몹시도 반가운 사람이 나타났다. 소녀의 돌아가신 할머니였다. 소녀는 활짝 웃었다. 할머니가 사라질까 봐 가지고 있는 성냥을 모두 그었다. "할머니, 할머니, 보고 싶었어요." 소녀의 말에 할머니는 두 팔을 **벌리며** 말했다. "**아가,** 불쌍한 아가, 얼마나 힘들었니? 이리 **오너라.**" 소녀가 [힘드런니] 할머니의 **품**으로 **뛰어들었다.** "할머니랑 함께 있으면 좋아요. 저도 데려 가 주세요." 할머니가 소녀를 품에 안고 **끄덕였다.** "**오냐오냐.** 같이 **가자꾸나.**" [안꼬] [가치]

7　여전히 눈이 내리는 가운데 새해 아침이 밝았다. 길에는 많은 사람들이 하얗게 눈을 덮은 채 **숨진** 성냥 [하야케] 팔이 소녀를 **에워싸고** 서 있었다. "**가엾게도** 얼마나 추웠을까요?" "성냥 **탄** 것 좀 보세요. 성냥으로 몸을 녹이려고 했나 봐요." [핸나]

8　눈물을 닦는 사람들과는 다르게 소녀의 얼굴에는 [당는] **희미한** 미소가 보였다.

⁶ 少女は慌ただしく、マッチをまた擦った。すると、とても懐かしい人が現れた。少女の亡くなったおばあさんだった。少女はぱあっと笑った。おばあさんが消えるんじゃないかと、持っているマッチを全て擦った。「おばあちゃん、おばあちゃん、会いたかったです」。少女の言葉におばあさんは両腕を広げて言った。「おお、かわいそうな子、どんなにつらかったろう？ こっちに来なさい」。少女はおばあさんの胸に飛び込んだ。「おばあちゃんと一緒にいられたらうれしいです。私も連れていってください」。おばあさんは少女を胸に抱いてうなずいた。「よしよし。一緒に行こう」

⁷ 相変わらず雪が降る中、新年の朝となった。道には多くの人が、白く雪をかぶったまま死んだマッチ売りの少女を取り囲んで立っていた。「かわいそうに、どれほど寒かっただろうか？」「マッチが焼けているのを見てください。マッチで暖を取ろうとしたようです」

⁸ 涙を拭く人とは違い、少女の顔にはかすかな笑みが見えた。

....

⁶ **벌리다**：広げる　**아가**：赤ちゃん、子ども。呼び掛けによく用いる。自分の小さい子どもに対して使う他、しゅうとやしゅうとめが嫁を呼ぶ際にも使われることがある　**-너라**：〜しろ、〜しなさい。오다 (来る)や오다で終わる動詞にのみ付く、下称命令形の語尾。主に目下に対して用いる。-아라が付いた와라 (来い)と比べると日常的ではない　**품**：胸、懐　**뛰어들다**：飛び込む　**끄덕이다**：うなずく　**오냐오냐**：よしよし。子どもをあやすときに使う言葉。오냐 (よし、いいとも)と一度だけ言うときは、目下の人間に対して承諾する意味になる　**-자꾸나**：〜しよう。-자 (〜しよう)をより親密に言う語尾

⁷ **숨지다**：死ぬ、息絶える。숨 (息)と지다 (消える)の複合語　**에워싸다**：囲む、取り囲む　**가엾다**：かわいそうだ　**타다**：焼ける、焦げる。ここでは過去形で「焼けている」の意味

⁸ **희미하다** (稀微--)：かすかだ

17 신데렐라

샤를 페로

1   신데렐라는 아버지와 **새어머니**, 그리고 새어머니가 데리고 온 두 언니와 함께 살았습니다. 새어머니와 언니들은 신데렐라에게 **온갖** 집안일을 시키는 데다가,
[지반니를]

2   "**애**, 넌 가까이 오지 마. 더러우니까."

3   "**어딜** 쉬어. 가서 일**이나** 해."

4   라면서 **달달** 볶았습니다. 신데렐라는 그러나 **불평** 한마디 없었습니다.

5   어느 날, 나라의 왕자가 **신붓감**을 **구하기** 위해 모든 젊은 여자를 **궁**의 **무도회**에 초대했습니다. 새어머니와
[절믄 녀자]
언니들은 신데렐라에게 일을 **잔뜩** 시켜 놓은 채 **화려한** 옷을 입고 무도회에 가 버렸습니다.

シンデレラ

シャルル・ペロー

Charles Perrault. 1628-1703年。フランス・パリ生まれ。詩人であり、『ペロー童話集』の作者として有名。『シンデレラ』は世界各地に同様の話が多く残されており、ペローのものと、グリム兄弟によるものがよく知られている。

¹ シンデレラは父と継母、そして継母が連れてきた二人の姉と一緒に住んでいました。継母と姉たちはシンデレラにあらゆる家事を押し付ける上、

² 「ちょっと、あなたは近くに来ないで。汚いから」

³ 「何休んでるの。あっちへ行って家事でもしなさい」

⁴ と言って、くどくどいびりました。シンデレラはそれでも、不平一つ言いませんでした。

⁵ ある日、国の王子が嫁候補を探すため、全ての若い女を王宮の舞踏会に招待しました。継母や姉たちはシンデレラに家事をたんまり押し付けたまま、派手な服を着て舞踏会に行ってしまいました。

⋯⋯⋯

¹ 새어머니：継母。父親が再婚してできた新しい母親のこと　온갖：あらゆる、全ての

² 얘：ちょっと、おい。야と似た意味を表す感嘆詞

³ 어딜：어디를の縮約形。この어디は反語的に相手を詰問する意味　〜이나：〜でも。適当に選んで相手に示すことを表す

⁴ 달달：人に繰り返し物を言って困らせる様子、くどくど　불평：不平、文句

⁵ 신붓감 (新婦–)：嫁候補。-감は「材料」の意味を持つ接尾辞で、「これからそうなるもの」や「そのために用いるもの」を表す。母音で終わる単語に付くときは、사이시옷を書く　구하다 (求--)：求める、手に入れる　궁 (宮)：王宮、宮殿　무도회 (舞踏会)：舞踏会　잔뜩：たっぷり、どっさり　화려하다：華麗だ、派手だ

⁶ "나도 예쁜 옷을 입고 무도회에 **가 봤으면 좋겠다.**"
[조켄따]

⁷ 신데렐라는 눈물을 뚝뚝 **흘리고 말았습니다.** 그런데 이때 누군가 나타나 말했습니다.

⁸ "내가 보내 **주마.**"

⁹ 신데렐라가 깜짝 놀라 쳐다보니 **요정**이었습니다. 요
[깜짱 놀라]
정은 말을 마치자마자 마술**지팡이**를 **휘둘러 호박**을 황
금마차로 만들었습니다. 옆으로 **쪼르르** 지나가던 **생쥐**
는 말이 되었고, 큰 쥐는 **마부**가 되었습니다. 이어서 신
데렐라에게 지팡이를 휘두르자 예쁜 드레스를 입은 모
습으로 변했습니다. 마지막으로 요정은 **투명한 유리구**
두를 신겨 주었습니다.

¹⁰ "어서 **가거라.** 하지만 12시 전에는 돌아와야 한다.
[열뚜시]
12시가 넘으면 모든 것이 원래 모습으로 **변한단다.**"
[월래]

¹¹ 마차가 신데렐라를 궁으로 **데려다 주었습니다.** 무도
회가 **한창**인 궁 안에 들어서니 아름다운 모습의 신데
렐라는 **곧바로** 왕자의 눈에 띄었습니다.

6「私もきれいな服を着て舞踏会に行けたらいいな」

7 シンデレラは涙をぽたぽたと流してしまいました。ところがその時、誰かが現れて言いました。

8「私が行かせてあげよう」

9 シンデレラがびっくりして見上げると、妖精でした。妖精は言い終えるや否や、魔法のつえを振ってカボチャを黄金の馬車にしました。横をちょろちょろ通り掛かったネズミは馬になり、大きなネズミは御者になりました。続いてシンデレラにつえを振ると、きれいなドレスを着た姿に変わりました。最後に妖精は透明なガラスの靴を履かせました。

10「さあ、お行き。けれど、12時までには戻ってこないといけないよ。12時を過ぎると、全てが元の姿に変わるんだ」

11 馬車がシンデレラを王宮に連れていきました。舞踏会の真っ最中である王宮に入ると、美しい姿のシンデレラはすぐに王子の目に留まりました。

---

6 -아 봤으면 좋겠다：～できたらいいな

8 -고 말다：～してしまう　-마：～しよう。約束や宣言を表す한다体の語尾だが、物語などでしか使われない。パンマルの-ㄹ게に該当する

9 요정：妖精　지팡이：つえ　휘두르다：振り回す　호박：カボチャ　황금：黄金　마차：馬車　쪼르르：ちょろちょろ　생쥐：ハツカネズミ　마부 (馬夫)：御者　투명하다：透明だ　유리 (琉璃)：ガラス　구두：靴　신기다：履かせる。신다 (履く) の使役形

10 -거라：～しろ、～しなさい。下称命令形の語尾。主に가다や가다で始まる動詞に付くされるが、자다、되다などにも付くことがある。-아/어라と比べると日常的ではない　-ㄴ단다：～するんだよ。言い聞かせるときによく使う

11 데려다 주다：連れていってあげる　한창：真っ最中　곧바로：すぐに、直ちに、真っすぐに

¹² "아름다운 아가씨, 저와 춤을 추시겠습니까?"

¹³ 신데렐라가 **미소를 띠며** 왕자의 손을 잡자 모두의 시선이 **쏠렸습니다.**

¹⁴ "어머나, 저 예쁜 여자는 누굴까?"
[예쁜 녀자]

¹⁵ **"부러워라.** 왕자님과 춤을 **추다니."**

¹⁶ 사람들이 **수군거렸습니다.** 신데렐라는 왕자와 춤을 **추느라** 시간 **가는 줄 몰랐습니다. 그러다** 문득 시계를 보니 12시가 가까워지고 있었습니다.

¹⁷ "왕자님, 저는 **이만** 가야 해요."

¹⁸ 신데렐라는 왕자의 손을 놓고 **황급히** 뛰었습니다. 한쪽 구두가 **벗겨졌지만 주울** 생각조차 할 수 없었습니다. 신데렐라가 겨우 궁에서 **벗어나자** 시간은 12시를 **넘겼고,** 모든 것이 원래의 모습으로 돌아왔습니다.
[노코] [황그피]

¹⁹ 신데렐라가 **가고 난** 뒤 왕자는 바닥에 떨어진 유리 구두 한 짝을 발견했습니다.

12「美しいお嬢さん。私と踊っていただけますか?」

13 シンデレラがほほ笑みながら王子の手を取ると、皆の視線が集まりました。

14「あら、あのきれいな女の人は誰でしょう?」

15「うらやましいわ。王子様と踊るなんて」

16 人々がささやき合いました。シンデレラは王子と踊るのに夢中で、時のたつのを忘れていました。そうしてふと時計を見ると、12時が近づいていました。

17「王子様、私はもう行かなければいけません」

18 シンデレラは王子の手を離して、慌てて走りました。片方の靴が脱げましたが、拾おうとすら考えられませんでした。シンデレラがやっとのことで王宮から抜け出すと時間は12時を超え、全てが元の姿に戻りました。

19 シンデレラが行ってしまった後、王子は床に落ちているガラスの靴の片方を発見しました。

---

13 미소:微笑、ほほ笑み　 띠다:帯びる　 쏠리다:(視線や心などが)注がれる、集まる

15 -어라:〜だなあ。形容詞に付く語尾で、感嘆を表す　 -다니:〜するなんて、〜だなんて。動詞にも-다니の形で付く

16 수군거리다:ささやく　 -느라:〜していて、〜するのに夢中で　 -는 줄 모르다:〜すると思わない、〜すると気付かない　 -다:〜していて。-다가の縮約形

17 이만:このぐらいで、この程度で

18 황급히 (遑急-):慌てて　 벗겨지다:脱げる。벗기다 (脱がす) に-어지다が付いた形　 줍다:拾う　 벗어나다:脱する、切り抜ける、(枠から) 外れる　 넘기다:超える、超す

19 -고 나다:〜してしまう、〜し終える

²⁰ 얼마 후, 신데렐라를 잊지 못한 왕자는 유리구두가
맞는 여자와 결혼하겠다는 발표를 하고, **집집마다 일일**
[만는]   [집찜마다]   [일리
이 방문하여 구두를 신겨 보았습니다. 그러나 꼭 맞는
리]   [모탄]
발은 아무도 없었습니다.

²¹ **이윽고** 신데렐라의 집에도 왕자가 방문하게 되었습니
다. 언니들은 어떻게든 구두를 신어 보려 했지만 발이
[어떠케든]
들어가지 않았습니다. 마지막으로 왕자는 신데렐라에
게 구두를 신겼습니다. 구두는 신데렐라의 발에 꼭 맞
았습니다. 이때 요정이 다시 나타났습니다. 요정의 지팡
이는 신데렐라를 아름답게 만들어 주었습니다. 왕자가
감격하여 말했습니다.
[감겨카여]

²² "드디어 찾은 나의 유리구두 아가씨, 저와 결혼해 주
시겠습니까?"

²³ 신데렐라가 **환하게** 웃으며 **고개를 끄덕였습니다.**

²⁴ 왕자와 결혼한 신데렐라는 오래오래 행복하게 살았
습니다.
[행보카게]

²⁰ しばらく後、シンデレラを忘れられなかった王子は、ガラスの靴が合う女
性と結婚すると発表し、家々を一つひとつ訪問して靴を履かせてみました。
しかし、ぴったり合う足は誰もいませんでした。

²¹ ほどなくして、シンデレラの家にも王子が訪問することになりました。姉
たちはどうにかして靴を履いてみようとしましたが、足が入りませんでし
た。最後に王子はシンデレラに靴を履かせました。靴はシンデレラの足
にぴったり合いました。その時、妖精が再び現れました。妖精のつえは
シンデレラを美しく仕上げました。王子が感激して言いました。

²²「ついに見つけた私のガラスの靴のお嬢さん、私と結婚していただけます
か?」

²³ シンデレラがぱっと笑ってうなずきました。

²⁴ 王子と結婚したシンデレラは末永く幸せに暮らしました。

---

²⁰ 집집：家々　일일이 (一一-)：一つひとつ、いちいち　방문하다：訪問する

²¹ 이윽고：やがて、ほどなくして　감격하다：感激する

²³ 환하다：ぱっと明るい　고개：首、頭　끄덕이다：うなずく、(首を)縦に振る

18 인어 공주

TR18

한스 안데르센

1　깊은 바닷속의 인어 왕국에 왕과 여섯 공주를 **비롯**
한 인어들이 살고 있었다. 공주들은 모두 **어여쁘고 마**
[비로]
음씨도 고왔다. 그중에서 막내 공주는 **호기심**이 매우
[망내]
많았다. "할머니, 바다 위 바깥 세상은 어떤가요?" "두
다리로 걸어 다니는 인간이 **있단다**." 막내 공주는 궁금
한 것이 생각날 때마다 할머니를 찾아가서 **묻곤 했다.**
[생강날]
공주들은 열다섯 살이 되면 물 위로 올라가 바깥 세
상을 구경할 수 있었기에 막내는 어서 빨리 열다섯 살
[구경할 쑤]
이 되기를 바랐다.

2　마침내 열다섯이 된 막내가 **뭍**으로 가도 좋다는 **허**
[조타는]
락을 받았다. 바다 위로 **고개를 내밀고** 세상 구경을 하
던 공주는 눈이 **번쩍 뜨였다.** 한 배의 **갑판** 위에 서 있
[인]
는 잘생긴 남자를 보고 **한눈에 반해** 버린 것이다. 그런
[는]

104

人魚姫

ハンス・アンデルセン

Hans Andersen（☞P.091）。本作品は、アンデルセンが1837年に発表した創作童話で、『子どものための童話集』に収録。

1 深い海の中の人魚の王国に、王と6人の姫をはじめとする人魚が暮らしていた。姫たちは皆美しく、気立ても良かった。その中で末の姫は好奇心がとても旺盛だった。「おばあちゃん、海の上の外の世界はどんな感じ？」「二足で歩く人間がいるよ」。末の姫は、気になることを思い付くたびにおばあさんを訪ねては聞いていた。姫たちは15歳になると水の上に上がって外の世界を見物できたので、末の姫は早く15歳になることを願った。

2 ついに15歳になった末の姫が陸に行ってもいいと許可をもらった。海の上に頭を出して世界の見物をしていた姫は、はっと目が開いた。ある船の甲板に立っているハンサムな男を見て一目ぼれしたのだ。しかしそのとき、

....

인어：人魚　　공주：姫、王女

1 비롯하다：はじめとする。〜을/를 비롯하다で「〜をはじめとする」という意味　　어여쁘다：美しい。예쁘다の古風な表現　　마음씨：気立て。마음씨가 곱다または마음씨가 착하다で「気立てが良い」という意味　　호기심：好奇心　　-단다：〜なんだよ。子どもに言い聞かせるときにこの形でよく使う　　-곤 하다：よく〜する、〜したりする。過去の習慣を述べるときに -곤 했다（よく〜したものだ）の形で使う

2 뭍：陸、陸地　　허락（許諾）：許し。허락하다で「許可する、許す」、허락받다で「許可をもらう、許される」となる　　고개：頭、首　　내밀다：突き出す、押し出す　　번쩍：ぱっと、はっと　　뜨이다：（目が）開かれる、開く　　갑판：甲板　　한눈에 반하다：一目でほれる、一目ぼれする

데 **때마침** 높은 파도에 배가 흔들리고, 눈앞에서 **부서**

지고 만다. 공주는 바다에 떨어져 정신을 잃은 남자를

안고 **헤엄쳐** 뭍으로 갔다. 잠시 남자를 바라보고 있는
[안꼬]   [인는]

데, 어떤 여자가 오는 것이 보였다. 공주는 얼른 몸을
데]

숨겼다.

3   여자가 남자를 흔들어 **깨우자** 남자는 눈을 떴다. 그

리고 이렇게 말했다. "당신이 나를 살렸군요. 저는 이
      [이러케]

나라의 **왕자**입니다. 나와 함께 **궁**으로 갑시다." 인어 공

高い波に船が揺さぶられ、目の前で壊れてしまう。姫は海に落ちて気を失っ
た男を抱えて泳ぎ、陸へ向かった。しばらく男を見詰めていたところ、女が
来るのが見えた。姫はすぐに身を隠した。

³女が男を揺すって起こすと、男は目を開けた。そしてこう言った。「あなたが
私を助けてくれたんですね。私はこの国の王子です。私と一緒に宮殿に行

......

때마침：ちょうど、折よく　**-고 말다**：〜してしまう　**헤엄치다**：泳ぐ
³**깨우다**：覚ます。깨다（覚める）に対応する他動詞　**왕자**：王子　**궁（宮）**：王宮、宮殿

주는 멀리서 두 사람이 사라지는 모습을 지켜볼 수밖
[지켜볼 쑤]
에 없었다.

4   바닷속으로 돌아온 인어 공주는 왕자가 몹시 보고
싶어 바다 **마녀**를 찾아가 물었다. "인간이 되고 싶어
요. 어떻게 하면 되죠?" "네 아름다운 목소리를 내게
[어떠케]
다오. 그럼 다리를 만들어 **주마**." 인어 공주는 마녀에
게 목소리를 주고 사람이 되었다.

5   왕자가 사는 궁으로 찾아간 인어 공주는 **그토록 그**
리워했던 왕자를 만났지만, 그 어떤 표현도 할 수 없었
다. 다만 왕자는 공주를 꽤 예뻐해 주었다. 공주는 왕
자가 사랑해 주는 날만을 **기다렸으나**, 어느 날 하늘이
무너지는 듯한 소식을 듣게 되었다. 그것은 왕자의 결혼
[드탄]
이었다. 왕자가 이웃 나라 공주와 **약혼식**을 올리게 되
[이운 나라]   [야콘시글]
자, 공주는 슬픔에 젖었다.

きましょう」。人魚姫は遠くから二人が消える姿を見守ることしかできな
かった。

4 海中に戻った人魚姫は、王子にとても会いたくて海の魔女を訪ねて聞い
た。「人間になりたいです。どうすればいいですか?」「おまえの美しい声
を私におくれ。そうすれば足を作ってあげよう」。人魚姫は魔女に声をあ
げ、人間になった。

5 王子が暮らす宮殿を訪れた人魚姫は、あれほど恋しがった王子に会った
が、何も表現できなかった。ただ、王子は姫をとてもかわいがってくれた。
姫は王子が愛してくれる日が来ることをひらすら待ったが、ある日天が崩
れ落ちるような知らせを聞くこととなった。それは、王子の結婚だった。
王子が隣国の姫と婚約式を挙げることになるや、姫は悲しみに暮れた。

⋯⋯⋯⋯⋯⋯⋯⋯⋯⋯⋯⋯⋯⋯⋯⋯⋯⋯⋯⋯⋯⋯⋯⋯⋯⋯⋯⋯⋯⋯⋯⋯⋯⋯⋯

4 **마녀**:魔女 **네**:おまえの、君の **달다**:くれる。하오体命令形の다오(おくれ)と、命令引
用形の달라고(くれと)の形でのみ用いられる。その他の「くれる」には주다を用いる **-마**:
〜しよう。約束や宣言を表す한다体の語尾だが、物語などでしか使われない。パンマルの
-ㄹ게に該当する

5 **그토록**:それほど、あれほど。名詞のユ(それ、あれ)に助詞の〜토록が付いて、全体で副
詞となっている **그리워하다**:恋しがる。그립다(恋しい)に-어하다(〜がる)が付いた形
-으나:〜するが。逆接を表す語尾で、書き言葉でよく使われる **무너지다**:崩れる **-는 듯**
하다:〜するようだ **약혼식**(約婚式):婚約式。婚約した際に挙げる式

6　가끔씩 공주를 보러 찾아왔던 다섯 언니들도 이 소
식을 들었다. 언니들은 막내를 다시 인어로 **되돌릴** 방
　　　[다서 던니]
법을 찾아 마녀를 찾아갔다. 마녀는 언니들에게 머리
카락을 달라고 했다. "**너희**의 머리카락 대신에 칼을 주
마. 이 칼로 왕자의 심장을 **찌르면** 다시 인어로 돌아올
　　　　　　　　　　　　　　　　　　　　　[도라올
것이다. 하지만 왕자를 죽이지 못하면 막내는 **물거품**이
[꺼시다]　　　　　　　　　　　[모타면]
되어 사라진다." 언니들은 칼을 가지고 막내**에게** 갔다.

7　인어 공주에게 언니들이 **다급한** 목소리로 몇 번이고
　　　　　　　　　　　　[다그판]
일렀다. "막내야, 오늘 밤에 꼭 찔러야 한다. 물거품이
　　　　　　　　　[오늘 빠메]
되어서는 안 돼. 꼭이다." 언니들의 말에 고개를 **끄덕인**
공주는, **한밤중**에 **곤히** 자고 있는 왕자의 방에 들어갔
　　　　[한밤쭝]
다. 칼을 들어 왕자의 심장을 **겨누던** 공주는 그러나 **차**
마 꽂지 못하고 방을 **뛰쳐나오고** 말았다. 날이 밝자 인
어 공주는 끝내 물거품이 되어 사라졌다.
　　　　　[끈내]

⁶ 時々姫に会いに来ていた5人の姉たちもこの知らせを聞いた。姉たちは末の姫を再び人魚に戻す方法を探して魔女を訪ねた。魔女は姉たちに髪の毛をくれと言った。「おまえたちの髪の代わりに剣をやろう。この剣で王子の心臓を刺せば人魚に戻るだろう。しかし、王子を殺さなければ末の姫は泡となって消える」。姉たちは剣を持って末の姫の元へ行った。

⁷ 人魚姫に対して、姉たちが差し迫った声で何回も言い聞かせた。「妹よ、今晩必ず刺すのよ。泡になっちゃいけないわ。必ずよ」。姉たちの言葉にうなずいた姫は、真夜中にぐっすり眠っている王子の部屋に入った。剣を持って王子の心臓を狙った姫はしかし、どうしても刺すことができず部屋を飛び出してしまった。夜が明けると、とうとう人魚姫は泡となって消えた。

....

⁶ 되돌리다：逆転させる、元に戻す　너희：おまえたち、君たち　찌르다：刺す、突く　물거품：泡、あぶく　～에게：～の所に。(人)에게 가다で「～の所に行く」、(人)에게 있다で「～の所にある」という意味

⁷ 다급하다 (多急--)：差し迫っている、緊迫している　～이고：～でも。～이나とほぼ同じ意味を表す助詞。몇 번이고で몇 번이나と同じく「何回も」となる　이르다：言う、言い聞かせる、告げ口する　끄덕이다：こくりと振る。擬態語の끄덕 (こくり)に-이다が付いて動詞になった形。고개를 끄덕이다で「首を縦に振る、うなずく」という意味　한밤중 (--中)：真夜中、夜更け　곤히 (困-)：ぐっすり、ぐったり。力が抜けて意識がない様子。形容詞は곤하다となる　겨누다：狙う、狙いを定める　차마：とても、とうてい、とてもじゃないが。後ろに不可能を表す言葉が来る　꽂다：差し込む、挿す、刺す　뛰쳐나오다：飛び出す、飛び出してくる

19 잭과 콩나무

TR19

영국 동화

_1_ 잭은 시골에서 어머니와 **단둘이** 살았다. 잭의 아버지
가 돌아가신 뒤 집은 몹시도 **가난해졌다. 젖소** 한 마리
가 두 **모자**의 전 재산이었다. 매일 아침 젖소의 젖을
짜서 시장에 팔아 생활했는데, 젖소가 너무 늙어 더는
      [생화랜는데]
우유가 나오지 않게 되었다. 하는 수 없이 잭과 어머니
        [안케]
는 젖소를 시장에 팔기로 했다.

_2_ 잭이 젖소를 끌고 길을 나섰다. 시장에 가는 길이었
다. 잭과 젖소를 쳐다보고 있던 한 아저씨가 다가왔다.

_3_ "그 젖소 나한테 팔아라."

_4_ 아저씨가 말했다.

ジャックと豆の木
英国童話

英国の童話。物語の筋書きにはいくつか種類があり、よく知られているのは、ジョセフ・ジェイコブス（Joseph Jacobs。1854〜1916年）編さんの民話集によるものだが、韓国で一般的に知られたものを掲載した。

1 ジャックは田舎で母親と二人で暮らしていた。ジャックの父親が死んだ後、家はとても貧しくなった。1頭の乳牛が二人の親子の全財産だった。毎朝、乳牛の乳を搾って市場で売って生活していたが、乳牛は年を取り過ぎて、もう牛乳が出なくなった。仕方なく、ジャックと母親は乳牛を市場で売ることにした。

2 ジャックが、乳牛を引いて出発した。市場に向かう途中のこと、ジャックと乳牛を見ていたあるおじさんが近寄ってきた。

3 「その乳牛、私に売りなさい」

4 おじさんが言った。

....

콩나무：豆の木

1 단둘이：ただ二人で。단둘（ただ二人）に、行為者の人数を表す〜이が付いた形　　가난해지다：貧乏になる　　젖소：乳牛　　모자：母子、母と子ども　　짜다：搾る、搾り出す

5 "내가 콩 다섯 알을 줄 테니, 그 소를 나에게 **다오**.
[다서 다를]
이 콩은 하룻밤 사이에 하늘까지 자라는 **신기한 콩이
란다**."

6 신기한 콩이라는 말에 잭이 **홀리기**라도 한 듯 답했
다.
[다팯
따]

7 "그러세요, 이 콩을 주시고, 소를 가져가세요."

8 잭이 콧노래를 부르며 **신나게** 집으로 왔다. 어머니는
[콘노래]
그러나 **고작** 콩과 소를 **바꿨느냐며** 크게 화를 내었다.
[바꿘느냐며]
급기야 어머니는 콩알을 창밖으로 **던지고 말았다**.

9 다음 날 아침, 잭과 어머니는 깜짝 놀랐다. 어제 창
밖으로 던진 콩이 **거대한** 나무로 자라났기 때문이었
다. 눈앞에서 **보고도** 믿지 못할 **광경**이었다.
[모탈]

10 "와, 아저씨의 말이 진짜였네."

11 잭은 구름 위까지 **뻗어** 있는 나무를 타고 올라가 보
았다. 하늘까지 올라간 잭은 **대궐** 같은 집을 발견하고
다시 한 번 눈이 **휘둥그레졌다**. **거인**들이 사는 집이었다.

114

⁵「私が豆を5粒あげるから、その牛を私におくれ。 この豆は、一晩の間に
　天まで育つ不思議な豆だ」

⁶ 不思議な豆という言葉に、ジャックが惑わされたかのように答えた。

⁷「そうしてください。この豆をいただきますので、牛を連れていってください」

⁸ ジャックは、鼻歌を歌いながら楽しそうに家に帰った。母親はしかし、た
　かが豆ごときと牛を交換したのかと激しく怒った。ついに母親は、豆を窓
　の外に投げ捨ててしまった。

⁹ 翌朝、ジャックと母親はとても驚いた。昨日窓の外に投げた豆が、巨大
　な木に育っていたからだ。目の前で見ても信じられない光景だった。

¹⁰「わあ、おじさんの言葉は本当だったんだね」

¹¹ ジャックは雲の上まで伸びている木に登ってみた。空まで登ったジャック
　は、宮殿のような家を発見してまた目が真ん丸になった。巨人が住む家
　だった。

- -

⁵ **달다** : くれる。하오体命令形の다오（おくれ）と、命令引用形の달라고（くれと）の形での
み用いられる。その他の「くれる」には주다を用いる　　**신기하다**（神奇--）: 不思議だ、珍し
い、面白い　　**-란다** : 〜なんだよ。本来は -라고　한다（〜だそうだ）の縮約形だが、子ども
に言い聞かせるときにこの形でよく使う

⁶ **홀리다** : ほれ込む、惑われる

⁸ **신나다** : 楽しくなる、浮かれる　　**고작** : たかが、やっとのことで　　**-느냐며** : 〜するのかと言い
ながら。-느냐고 하며の縮約形　　**급기야**（及其也）: ついには　　**-고 말다** : 〜してしまう

⁹ **거대하다** : 巨大だ　　**-고도** : 〜してもなお　　**광경** : 光景

¹¹ **뻗다** :（木の幹や枝などが）伸びる、（手足などを）伸ばす　　**대궐**（大闕）: 宮廷、宮殿　　**휘
둥그레지다** :（目が）丸くなる、（目が）見開かれる　　**거인** : 巨人

¹² “어디서 사람 냄새가 **나는걸**. 맛있겠다.”

¹³ “찾으면 구워 먹어야지.”

¹⁴ 거인들이 말했다.

¹⁵ 잭은 그곳에서 **낯익은 암탉**을 발견했다. 그 암탉은
[난니근]
황금알을 낳는 닭이었는데, 돌아가신 아버지가 예전에
[난는]
잃어버린 것이었다. 잭은 닭을 **품**에 안고 다시 집으로
[안꼬]
내려왔다.

12 「どこからか人間の匂いがする。おいしそうだ」

13 「見つけたら焼いて食べよう」

14 巨人たちが言った。

15 ジャックはそこで、見慣れためんどりを発見した。そのめんどりは金の卵を産む鶏なのだが、亡くなった父親が昔なくしたものだった。ジャックは鶏を胸に抱いて、また家に下りてきた。

---

12 **-는걸** : 〜するよ、〜するなあ

15 **낯익다** : 見慣れている、なじみがある　　**암탉** : めんどり。なお、암탉や닭 (鶏) などの名詞に助詞が付いたとき、標準語では닭이 [달기] のように発音するとされているが、話し言葉では닭이 [다기] と言うのが一般的である　　**황금** : 黄金　　**품** : 懐、胸

16 "어머니, 이것 좀 보세요."

17 "어머나, 이건 우리가 잃어버렸던 닭이잖니?"

18 어머니는 매우 기뻐했다.

19 다음 날도 잭은 나무를 타고 거인의 집에 **몰래** 들어
갔다. 거인들이 뒤로 **돌아앉아** 돈을 세고 있었다. 잭은
금화 꾸러미와 황금 하프를 집어 들었다. 그런데 이때
뒤를 돌아본 거인과 눈이 딱 **마주치고** 말았다. 놀란 잭
이 **황급히** 나무를 타기 시작했다. 거인도 **쫓아왔다**. 잭
  [황그피]   [시자캔따]
이 아래로 **소리를 질렀다**.

20 "어머니, 어머니, 큰일 났어요. 거인이 쫓아와요!"
                        [크닐 라써요]
21 거의 다 내려왔을 때, 소리를 들은 어머니가 **도끼**를
들고 나무를 **찍기** 시작했다. 어머니가 나무를 다 **베어**
버리자 거인이 **그만** 떨어져 죽었다.

22 잭과 어머니는 오래오래 거인의 보물로 **풍족하고** 행
                                      [풍조카고]   [행
복하게 살았다.
보카게]

¹⁶「母さん、ちょっとこれ見て」

¹⁷「あら、これは私たちがなくした鶏じゃない?」

¹⁸母親はとても喜んだ。

¹⁹翌日もジャックは木に登って巨人の家にこっそり入った。巨人が後ろ向き
に背を向けて座り、お金を数えていた。ジャックは金貨の束と、金のハー
プを手に取った。しかしこの時、後ろを振り向いた巨人とちょうど目が
合ってしまった。驚いたジャックは急いで木を下り始めた。巨人も追って
きた。ジャックは下に向かって叫んだ。

²⁰「母さん、母さん、大変です。巨人が追ってきます!」

²¹もうすぐ着くという時、声を聞いた母親がおのを持って木を切り始めた。
母親が木を切ると、巨人はあえなく落ちて死んだ。

²²ジャックと母親は、末永く巨人の宝物で豊かで幸せに暮らした。

....

¹⁹ 몰래:こっそり、ひそかに   돌아앉다:背を向けて座る   금화:金貨   꾸러미:包み、束
   마주치다:出くわす、(目が)合う   황급히 (遑急-):急いで、慌ただしく   쫓아오다:追っ
   てくる   소리를 지르다:声を張り上げる、叫ぶ

²¹ 도끼:おの   찍다:(刃物で)切る、(とがった物で)突き刺す   베다:切る、切りつける
   그만:なすすべもなく、仕方なく、あえなく

²² 풍족하다 (豊足--):豊かだ

20 헨젤과 그레텔

TR20

그림 동화

1 옛날 어느 **가난한** 집에 오빠 헨젤과 그레텔이라는
_[옌날]
여동생 **남매**가 살았습니다. 어느 날 두 남매의 아버지

와 못된 새어머니는 먹을 것이 없어지자 아이들을 숲
_[머글 꺼시]
에 **버리자는** 이야기를 주고받았습니다. **우연히** 이 말을

들은 헨젤과 그레텔은 밖으로 나가 하얀 **자갈**을 **주워**

서 돌아왔습니다.

2 다음 날, 새어머니는 남매를 숲으로 데려갔습니다.

가는 길에 헨젤과 그레텔은 숲길 중간중간에 자갈을

놓아 두었습니다. 깊은 숲으로 들어가자 새어머니는 남

매만 두고 집으로 도망쳤습니다. 헨젤과 그레텔은 **컴컴**

한 밤에도 달빛에 빛나는 하얀 자갈을 따라 길을 찾
_[달삐체] _[빈나는]
았습니다. 집으로 **무사히** 돌아온 아이들을 보자 아버

지는 기뻐했지만, 새어머니는 화가 났습니다.

ヘンゼルとグレーテル
グリム童話

Brüder Grimm。ドイツ・ハーナウ生まれのヤーコプ (1785〜1863年) とヴィルヘルム (1786〜1859年) の兄弟。ドイツ各地で収集した昔話を『グリム童話集』にまとめた。

¹ 昔、ある貧しい家に兄ヘンゼルとグレーテルという妹の兄妹が住んでいました。ある日、二人の父親とひどい継母は食べる物がなくなると、子どもたちを森に捨てようと話をしていました。偶然この話を聞いたヘンゼルとグレーテルは外に出て、白い砂利を拾って帰ってきました。

² 翌日、継母は兄妹を森に連れていきました。行く途中、ヘンゼルとグレーテルは森の道の途中途中に砂利を置いておきました。深い森に入ると、継母は兄妹だけ置いて家に逃げました。ヘンゼルとグレーテルは真っ暗な夜にも月光に光る白い砂利に沿って道を探しました。家に無事に帰ってきた子どもたちを見て、父親は喜びましたが、継母は怒りました。

¹ **가난하다**：貧しい、貧乏だ　**남매 (男妹)**：男と女がどちらも含まれたきょうだい。兄妹、姉弟　**-자는**：〜しようという。-자고 하는の縮約形　**우연히**：偶然　**자갈**：砂利　**줍다**：拾う

² **컴컴하다**：真っ暗だ。陽母音の캄캄하다に対応する陰母音の形で、より重く暗い印象を与える　**무사히**：無事に

121

3 새어머니는 아이들이 자갈을 주우러 나가지 못하도
록 해 놓고, 아침이 되자 빵 한 **조각**을 **들려 주고는** 다
[모타도 로 캐]
시 숲으로 데려갔습니다. 헨젤과 그레텔은 빵을 먹지
[노코]
않고, 조금씩 **뜯어** 길에 흘렸습니다. 남매가 집으로 돌
[안코]
아가려 할 때, 빵 조각은 이미 새들이 **먹어 치우고** 없었
습니다.

4 길을 잃은 헨젤과 그레텔은 몹시 배가 고팠습니다. 그
런데 눈앞에 과자로 만든 집이 보였습니다. 과자집에 사
는 할머니가 친절하게 남매를 집 안으로 불렀습니다. "어
서 **들어오렴**. 배고프지?" 할머니가 웃으며 말했습니다.

5 그러나 먹을 것과 **잠자리**를 준 친절한 할머니는 다
[잠짜리]
음 날 **마녀**의 모습으로 변했습니다. 마녀는 헨젤을 **우**
리 안에 **가두었습니다**. "그레텔, 너는 빨리 밥을 짓고,
헨젤 너는 살이 쪄야 해. 그래야 맛있으니까." 마녀는
그레텔을 **하녀처럼 부렸습니다**. 헨젤에게는 **온갖** 맛있
[온간 마신
는 음식을 주면서 빨리 살찌라고 **보챘습니다**.
는]

³ 継母は子どもたちが砂利を拾いに出られないようにして、朝になるとパン一切れを持たせてまた森に連れていきました。ヘンゼルとグレーテルはパンを食べず、少しずつちぎって道に落としました。兄妹が家に帰ろうとした時、パン切れはすでに鳥が食べてしまって、なくなっていました。

⁴ 道に迷ったヘンゼルとグレーテルは、とてもおなかがすいてきました。そのとき、目の前にお菓子でできた家が見えました。お菓子の家に住むおばあさんが親切に兄妹を家の中に呼びました。「早く入りなさい。おなかがすいているだろう?」おばあさんは笑いながら言いました。

⁵ ですが、食べ物と寝る場所をくれた親切なおばあさんは翌日、魔女の姿に変わりました。魔女はヘンゼルをおりの中に閉じ込めました。「グレーテル、おまえは早くご飯を炊いて、ヘンゼル、おまえは太るんだよ。そうしないとおいしくないから」。魔女はグレーテルを召し使いのように働かせました。ヘンゼルにはあらゆるおいしい料理を与えて早く太れと文句を言いました。

....

³ 조각:切れ端。한 조각で「一切れ」の意味　들리다:持たせる。들다 (持つ)の使役形　-고는:〜して。-고の強調として用いられている　뜯다:ちぎる、切り離す　-어 치우다:〜してしまう

⁴ -렴:〜しなさい。目下への親しみを込めた命令を表す

⁵ 잠자리:寝床　마녀:魔女　우리:おり、ケージ、動物小屋　가두다:閉じ込める　하녀:下女、召し使いの女性　부리다:(人や動物などを)使う、働かせる　온갖:ありとあらゆる、全ての　보채다:うるさく要求する、せがむ

6   며칠 후, 마녀는 헨젤이 얼마나 살이 쪘는지 손을 **내 밀어** 보라고 했습니다. 헨젤은 우리 안에 있던 **막대기** 를 손 대신 내밀었습니다. "아직이군. 너 말고 그레텔을 먼저 **잡아먹어야겠다.**" 마녀가 그레텔을 불렀습니다. "그레텔, **화덕** 온도가 적당한지 **보거라.**" 그레텔은 마녀 에게 "어떻게 보는 건지 모르겠어요." 라고 하면서 마녀 를 화덕으로 **유인했습니다.** "내가 직접 보여 **주마.** 이렇 게 화덕 안으로 들어가는 거야." 마녀가 화덕 안으로 **고개를 숙이는** 순간, 그레텔은 마녀를 화덕 속으로 **확** 밀친 다음 문을 닫아 버렸습니다. 마녀는 뜨거운 화덕 속에서 **비명**을 **지르며** 죽었습니다.

[쩐는지]
[어떠케]
[이러케]

7   헨젤과 그레텔은 마녀의 집에 있던 보물을 들고 무 사히 집으로 돌아갔습니다. 다시 돌아온 남매를 아버 지가 반갑게 맞아 주었습니다. 그 후로는 오래오래 행 복하게 살았습니다.

[행 보카게]

124

⁶ 数日後、魔女はヘンゼルがどれくらい太ったか手を出してみろと言いました。ヘンゼルはおりの中にあった棒を手の代わりに出しました。「まだだな。おまえではなく、グレーテルを先に食べるか」。魔女はグレーテルを呼びました。「グレーテル、かまどの温度がちょうどいいか見なさい」。グレーテルは魔女に「どう見るのか分かりません」と言って魔女をかまどに誘い寄せました。「私がじかに見せてやろう。こうやってかまどの中に入るんだ」。魔女がかまどの中へと首を下ろす瞬間、グレーテルは魔女をかまどの中にばっと押し込んで、扉を閉めてしまいました。魔女は熱いかまどの中で悲鳴を上げながら死にました。

⁷ ヘンゼルとグレーテルは魔女の家にあった宝物を持って無事に家に帰りました。再び帰ってきた兄妹を父親はうれしそうに迎えてくれました。その後はずっと幸せに暮らしました。

....

⁶ **내밀다**：差し出す　**막대기**：棒　**잡아먹다**：取って食う　**화덕 (火-)**：かまど　**-거라**：～しろ、～せよ。보다や가다など、限られた動詞に付く命令形の語尾　**유인하다 (誘引--)**：誘い出す、おびき寄せる、引き付ける　**-마**：～しよう。約束や宣言を表す한다体の語尾だが、使う人は年配の人に限られる。パンマルの-ㄹ게に該当する　**고개를 숙이다**：頭を下げる、うつむく　**확**：ばっと、一気に　**비명**：悲鳴　**지르다**：(声を)張り上げる、叫ぶ

21 벌거벗은 임금님

TR21

한스 안데르센

1   옛날 어느 나라에 한 임금이 있었습니다. 임금은 새
[옛날]
옷을 좋아해 날마다 새로운 옷으로 갈아입었습니다.

화려하고 아름다운 임금의 새 옷을 볼 때면 **신하들은**

옆에서 "와, 정말 눈이 **부십니다.**" "이 얼마나 멋지신지요."

"임금님처럼 멋있는 사람은 이 세상에 아무도 없을 것
[머신는]   [업쓸 꺼
입니다." 하면서 **아첨을 떨었습니다.** 임금은 자신에게 **칭**
심니다]
찬의 말을 **늘어놓는** 신하들을 **흐뭇하게 바라보곤 했습**
[느러논는]   [흐무타게]
니다.

2   어느 날, **수상한 재봉사** 둘이 임금 앞에 나타났습니

다. 지금까지 본 적 없는 **신기한** 옷을 만들어 주겠다는
[엄는]
것이었습니다. 게다가 그 옷은 특별해서 **어리석은** 사람

의 눈에는 보이지 않는다는 게 아닙니까? 임금은 아주

126

裸の王様

ハンス・アンデルセン

Hans Andersen（☞P.091）。本作品はアンデルセンが、スペインの寓話集に収録された内容を基に翻案し、1837年に発表した童話で、『子どものための童話集』に収録。

昔、ある国に一人の王がいました。王は新しい服が好きで、毎日新しい服に着替えていました。派手で美しい王の新しい服を見るといつも、臣下たちは横で「わあ、本当にまぶしいです」「なんとかっこいいのでしょう」「王様のようにかっこいい人はこの世界に誰もいないでしょう」と言いながらごまをすりました。王は自分に称賛の言葉を並べる臣下たちをいつも満足げに眺めていました。

²ある日、2人の怪しい仕立て職人が王の前に現れました。今まで見たことのない不思議な服を作ってあげるということでした。その上、その服は特別で、愚かな人の目には見えないというではありませんか。王はとても

임금님：王様。임금（王）に-님が付いた形

¹**화려하다**：華麗だ、派手だ　**신하**：臣下　**부시다**：まぶしい。눈이 부시다の形で使う。1単語になった눈부시다もよく使われる　**아첨을 떨다**（阿諂‐ ‐‐）：ごまをする、おべっかを使う、こびへつらう。아첨을 하다とも言う　**칭찬**：称賛　**늘어놓다**：ずらりと並べる、（言葉を）並べ立てる　**흐뭇하다**：満足げだ　**-곤 하다**：～したりする、よく～する。繰り返し行う習慣を表す

²**수상하다**（殊常‐‐）：怪しい　**재봉사**（裁縫師）：仕立て職人、裁縫職人、縫い師　**신기하다**（神奇‐‐）：不思議だ、珍しい、面白い　**어리석다**：愚かだ、間抜けだ、ばかだ

기뻐했습니다. 작업실을 만들어 주고, **치수**를 **재게** 했습니다. 그러고는 **하루속히** 옷이 지어지기를 기다렸습니다.
[하루소키]

3   그런데 **어찌된 일인지** 눈을 씻고 보아도 신하들에게
[어찌된 니린지]
는 옷은커녕 **옷감조차** 보이지 않았습니다. 보이지도 않는 옷감을 **이리** 들고 저리 들면서 **자르고 꿰매는** 모습이 **이상하기만 했습니다.** 신하들 모두가 서로 눈치만 보았습니다. 보이지 않는다고 말했다가는 어리석고 **멍청한** 사람이 될 것이 **뻔했습니다.**

4   옷이 얼마나 되었느냐고 임금이 물으면 신하들은 하
[되언느냐고]   [하
나같이 "아주 훌륭한 옷이 되어 가고 있습니다." "그렇
나가치]   [그러
게 아름다운 **무늬**는 처음 보았습니다." 하고 거짓말로
케]   [거진말]
둘러대기 일쑤였습니다. 임금은 기대감에 마음이 **부풀**
었습니다.

喜びました。作業室を作ってやり、寸法を測らせました。そして、一日も
早く服が仕立て上がるのを待ちました。

3 ところが、どういうわけか、目を凝らして見ても臣下たちには服どころか服
の生地すら見えませんでした。見えもしない生地をあちこち運び、切った
り縫ったりする姿がおかしいばかりでした。臣下は皆、お互いの様子をさ
ぐっていました。見えないと言えば、愚かで間抜けな人になるのは目に見
えていました。

4 服がどれくらいできているかと王に聞かれたときには、臣下たちは一様に
「とても立派な服になっていっています」「あんなに美しい模様は初めて見
ました」と常にうそで言い逃れていました。王は期待に胸が膨らみました。

치수 (-数)：寸法　재다：(長さや重さなどを)はかる　하루속히 (--速-)：一日も早く

3 어찌된 일인지：どういうわけか、どういうことなのか　～은커녕：～はおろか、～どころか
웃감：生地　～조차：～すら、～さえ、～までも　이리：こちらへ、こっちへ。よく저리(あち
らへ、あっちへ)と併せて「あちこち～する」のような意味で使う　-고：AしてB하다という
形で、「AしたりBしたりする」という行為の反復を表す　꿰매다：縫う　-기만 하다：～であ
るばかりだ、ただただ～だ　멍청하다：間抜けだ　뻔하다：明らかだ

4 무늬：模様、柄　둘러대다：うまく言い繕う、(お金を)やりくりする　-기 일쑤다：～するの
が常だ、よく～している　부풀다：(胸、希望、期待などが)膨らむ

⁵ 드디어 새 옷이 완성되었습니다. 재봉사들이 임금에게 옷을 입어 보라고 권했습니다. 그러나 임금의 눈에도 역시 옷은 보이지 않았습니다. 임금은 크게 **당황했지만 내색하지** 않습니다. 마치 눈에 **보이는 척** 미소를 지으며 팔을 **내밀어** 옷을 입는 **시늉**을 했습니다. 옷에 대한 칭찬도 빼놓지 않았습니다.
[내새카지] [안씀니다] [임는] [빼노치]

⁶ 임금은 특별한 새 옷을 입은 기념으로 **거리 행진**을 나섰습니다. 어깨를 펴고 배를 **내민 채** 당당하게 거리를 걸었습니다. **백성**들 눈에도 옷은 보이지 않았지만 모두가 **환호했습니다.** 그때 환호하는 백성들 사이에서 한 아이가 **또렷하게** 외쳤습니다. "임금님이 **벌거벗었다!**" 그러자 다른 사람들도 외쳤습니다. "임금님이 벌거벗었다!" 그제서야 사람들이 여기저기서 웃기 시작했습니다. 임금의 얼굴이 빨개졌습니다. 너무나 부끄러웠지만 행진을 멈출 수는 없었습니다.
[또려타게] [시자캐씀니다] [멈출 쑤]

⁵ ついに新しい服が完成しました。仕立て屋が王に服を着てみるよう勧めました。しかし、王の目にもやはり服は見えませんでした。王はとても戸惑いましたが顔に出しません。まるで目に見えるふりをしてほほ笑みを浮かべながら腕を出して服を着るそぶりをしました。服に対する称賛も忘れませんでした。

⁶ 王は、特別な新しい服を着た記念にパレードに出ました。胸を張り、おなかを突き出したまま、堂々と道を歩きました。民の目にも服は見えませんでしたが、皆が歓声を上げました。その時、歓声を上げる民の間で1人の子どもがはっきりと叫びました。「王様は素っ裸だ！」すると、他の人たちも叫びました。「王様は素っ裸だ！」その時になってやっと、あちらこちらで笑い始めました。王の顔は赤くなりました。とても恥ずかしかったですが、行進を止めることはできませんでした。

....

⁵ **당황하다** (唐慌--)：慌てる、うろたえる、戸惑う　**내색하다** (-色--)：思っていることを顔に出す　**-는 척**：(まるで)〜しているかのように　**미소**：微笑、ほほ笑み　**내밀다**：差し出す、突き出す、押し出す　**시늉**：まね、そぶり

⁶ **거리 행진**：街頭パレード　**-ㄴ 채**：〜したまま　**백성** (百姓)：民、民衆　**환호하다** (歓呼--)：歓声を上げる　**또렷하다**：明らかだ、はっきりしている　**-었다**：〜した、〜している。
-었-は、過去の動作だけでなく、現在の状態も表す。ここでは「服を全て脱いだ状態である」という意味なので、「素っ裸だ、丸裸だ」と訳すことができる

22 알리바바와 40인의 도둑

[TR22]

천일야화

1   옛날 옛날 페르시아 왕국에 카심과 알리바바 형제가
[옛날]
살았습니다. 카심은 **부자**였고, 알리바바는 **가난했습니
다.** 어느 날 알리바바는 숲에서 **나무를 하다가** 40명의
남자들이 커다란 바위 앞에 모여 있는 것을 숨어서 보
[인는]
았습니다. **이들** 중 하나가 바위를 향해 "열려라 **참깨!**"
라고 소리치자 **굳게** 닫혀 있던 커다란 바위 문이 **스르**
[다쳐]
르 열려 **동굴**이 나타났습니다. 도둑 **떼**인 이들은 얼마
[얼마
동안 동굴 안에 **머물더니** 모두 어디론가 사라졌습니다.
똥안]
2   도둑들이 안 보이는 것을 확인한 알리바바가 바위
앞에 서서 **주문**을 외쳤습니다. "열려라 참깨!" 거짓말처
[거진말]
럼 문이 열렸습니다. 동굴 안에는 **온갖** 보물과 **금화**가
넘쳐 났습니다. 알리바바는 동굴에서 **금은보화**를 가득
들고 나와 집으로 돌아갔습니다.

アリババと40人の盗賊
千夜一夜物語

説話集『アラビアンナイト（千夜一夜語）』の一節で、フランスの東洋学者アントワーヌ・ガラン（Antoine Galland、1646〜1715年）によるフランス語版第11巻に収録されている（ただしアラビア語の原典にこの作品はない）。

_1_ 昔々、ペルシャ王国にカシムとアリババの兄弟が住んでいました。カシムは金持ちで、アリババは貧乏でした。ある日アリババは、森で薪を拾っていて、40人の男が大きな岩の前に集まっているのを盗み見ました。そのうちの一人が岩に向かって「開けゴマ！」と叫ぶと、固く閉じていた大きな岩の扉がすうっと開き、洞窟が現れました。盗賊である彼らは、しばらくの間洞窟にいましたが、皆どこかへと消えました。

_2_ 盗賊たちの姿が見えないことを確認したアリババが岩の前に立って呪文を唱えました。「開けゴマ！」　うそのように扉が開きました。洞窟の中はあらゆる宝物や金貨であふれていました。アリババは洞窟から金銀財宝をいっぱい持って出て家に帰りました。

....

도둑：泥棒、盗っ人
_1_ 부자 (富者)：金持ち　가난하다：貧しい、貧乏だ　나무를 하다：木を切る、しば刈りをする、薪拾いをする　이：これ、この人　참깨：ゴマ　굳다：固い　스르르：するりと、すうっと　동굴：洞窟　떼：群れ、集団　머물다：とどまる　−더니：〜していたが、〜していたと思ったら
_2_ 주문：呪文　온갖：あらゆる、全ての　금화：金貨　넘치다：あふれる　금은보화 (金銀宝貨)：金銀財宝

³ **마음씨 고약한** 형 카심이 이 사실을 알게 되었고, 그
   [고야칸]
길로 동굴을 찾아 들어갔습니다. 금화를 **싹쓸이해** 나
가려는데, 아무리 생각해도 문을 여는 주문이 기억나
            [생가캐도]   [기엉나
지 않았습니다. "열려라 고구마!" "열려라 감자!" 카심
지]
이 **쩔쩔매는** 동안 **때마침** 도둑들이 돌아오고 말았습니
다. 도둑들은 카심을 칼로 **베어** 버렸습니다. 알리바바
가 죽은 형의 **시신을** 찾아와 **장례**를 치렀는데, 이때부
                              [장네]   [치런는데]
터 도둑들이 알리바바를 **노리게** 되었습니다.

⁴ 기름 **장수**로 **변장한** 도둑 **두목**이 알리바바의 집에
찾아왔습니다. 해가 진 뒤 도둑 부하들은 **항아리** 안에
숨어 기회를 **엿보고** 있었습니다. **재치** 있고 **영리한 하녀**
                                        [영니한]
모르자나는 주인의 위험을 **눈치채고** 있었습니다. 도둑
들이 숨어 있는 항아리로 다가가더니 **펄펄** 끓는 기름
                                        [끌른]
을 **들이부었습니다.** 이들 사이에서 **간신히** 목숨을 **건져**
도망친 도둑 두목은 **이를 갈았습니다.**

³ 性根の悪い兄カシムがこの事実を知り、その足で洞窟を探し当て、入っていきました。金貨をかき集めて出ようとしたところ、いくら考えても扉を開ける呪文を思い出せませんでした。「開けサツマイモ！」「開けジャガイモ！」、カシムが途方に暮れている間に、ちょうど盗賊たちが戻ってきてしまいました。盗賊たちはカシムを剣で切ってしまいました。アリババが死んだ兄の死体を取ってきて葬儀をしましたが、この時から盗賊たちがアリババを狙うようになりました。

⁴ 油商人に変装した盗賊の頭領がアリババの家にやって来ました。日が沈んだ後、盗賊の手下たちはかめの中に隠れて機会をうかがっていました。機転が利いて賢い召し使いモルジアナは、主人の危険に気付いていました。盗賊たちが隠れているかめに近づくと、ぐつぐつ煮えた油を注ぎました。彼らの中で命からがら逃げた盗賊の頭領は悔しがりました。

....

³ 마음씨:性格、気立て　고약하다:意地悪だ、(性格が)曲っている　그길로:その足で、その後すぐに　싹쓸이하다:独り占めする、買い占める、一つ残らずなくす　쩔쩔매다:途方に暮れる、たじたじとなる　때마침:ちょうどその時　베다:切る　시신(屍身):死体　장례(葬礼):葬儀、葬式　노리다:狙う

⁴ 장수:〜売り、〜商人　변장하다:変装する　두목:頭目、頭領、親分　항아리:かめ、つぼ　엿보다:うかがう　재치(才致):機転、才覚　영리하다(怜悧--):賢い　하녀:下女、召し使いの女性　눈치채다:気付く　펄펄:ぐつぐつ、ぐらぐら。液体が煮える様子　들이붓다:注ぎ込む　간신히(艱辛-):やっとのことで、かろうじて　건지다:すくう、すくい上げる。목숨을 건지다で「命を拾う、一命を取り留める」という意味　이를 갈다:歯ぎしりをする、悔しがる

5 두목이 **훗날** 다시 알리바바의 집을 찾아왔습니다.
[훗날]
하지만 모르자나는 **단박에** 두목을 알아보았습니다.
'이 사람은 **저번**에 보았던 기름 장수? 그렇다면 도둑
[그러타면]
이잖아.' 아무것도 모르는 알리바바가 두목과 대화를
나누는 동안 모르자나는 **화려한** 옷을 입고 나타났습
니다. 모르자나는 **귀한** 손님이 왔으니 칼춤을 보여 주
겠다고 말했습니다. 칼을 **휘두르며 흥겨운** 춤을 추던
모르자나는 **눈 깜짝할 새에** 두목의 가슴을 향해 칼을
[깜짜칼 쌔]
꽂았습니다.

6 하녀 덕분에 **목숨을 구한** 알리바바는 모르자나를
자신의 조카와 결혼시켰습니다. 그리고 동굴 안에 있던
보물들을 가난한 사람들에게 나누어 주었습니다.

5 頭領が後日、再びアリババの家にやって来ました。 しかし、モルジアナ
は即座に頭領に気付きました。「この人は前に見た油商人？ だとしたら、
盗賊だわ」。何も知らないアリババが頭領と話をしている間、モルジアナ
は華麗な服を着て現れました。 モルジアナは珍しい客が来ているので剣
の舞いを見せると言いました。剣を振り回して興の乗った踊りを踊ったモ
ルジアナは、瞬く間に頭領の胸に剣を刺しました。

6 召し使いのおかげで命が助かったアリババはモルジアナを自分のおいと
結婚させました。 そして、洞窟の中にあった宝物は貧しい人たちに分けて
あげました。

---

5 훗날 (後-)：後日、後に   단박에：その場ですぐに   저번 (這番)：この前、先日、前回
화려하다：華麗だ、豪華だ   귀하다 (貴--)：貴重だ、珍しい   휘두르다：振り回す   흥
겹다 (興--)：興に乗る、楽しむ   눈 깜짝할 새에：瞬く間に   꽂다：刺す
8 목숨을 구하다 (--- 救--)：命を拾う、命を救われる、命が助かる

23 변신

카프카

1 그레고르 잠자는 가족의 **생계**를 **책임지고** 있는 세일
                                        [인는]
즈맨이다. 불안한 꿈을 꾼 어느 날 아침, 눈을 떴는데
                                      [뗀는데]
이상했다. 그레고르의 몸이 커다란 벌레로 변해 있었다.
무수하게 많은 다리가 **달린 끔찍한** 벌레였다. 분명 꿈은
                      [끔찌칸]
아닌데 **어찌된 일인지** 아무리 생각해도 알 수 없었다.
    [어찌된 니린지]   [생가캐도]   [알 쑤]
잠을 더 자고 일어나면 원래의 몸으로 돌아올 것이라
                  [월래]   [도라올 꺼시라]
생각했지만 잠을 잘 수도 없었다.

2 불편한 몸을 **뒤척이던** 그레고르는 시계를 보고 깜짝
놀랐다. 언제나 같은 시간에 기차를 타고 출근을 하던
그에게 그 **시각**은 이미 지각이었다. 그레고르가 침대에
서 일어나려고 **용을 쓰는** 사이에 그의 직장 **상사**인 지
배인이 집으로 찾아왔다. 지배인은 그레고르가 **꾀병**을
부린다고 생각해 화를 냈다. 그레고르는 답답했다. **해**
                                        [답따팬따]

変身
フランツ・カフカ

Franz Kafka。1883〜1924年。現在のチェコに生まれ、ドイツ語で創作を行った。人間存在の不条理を描き、死後、実存主義の流行とともに大きな注目を集めた。その他の作品に『失踪者』『審判』『城』など。

---

¹ グレゴール・ザムザは家族の生計を担うセールスマンだ。不安な夢を見たある日の朝、目を覚ましたところ何かがおかしかった。グレゴールの体が大きな虫に変わっていたのだ。無数の足が付いたおぞましい虫だった。明らかに夢ではないが、どういうことなのか、いくら考えても分からなかった。もっと寝て起きれば元の体に戻るだろうと考えたが、寝ることもできなかった。

² 不自由な体で寝返りをうったグレゴールは、時計を見て驚いた。いつも同じ時間に汽車に乗って出勤をしていた彼にとって、その時間はすでに遅刻だった。グレゴールがベッドから起きようと必死になっている間に、彼の職場の上司である支配人が家に来た。支配人はグレゴールが仮病を使っていると思って怒った。グレゴールはもどかしかった。解雇された

......

¹ **생계**：生計　**책임지다**：責任を負う、担う　**무수하다**：無数だ。무수하게 (無数に) の形で用いられることが多い　**달리다**：ぶら下がる、つり下げられる。部品などが取り付けられている様子も表す　**끔찍하다**：ひどい、むごい、おぞましい　**어찌된 일인지**：どうなっているのか、どういうことなのか

² **뒤척이다**：寝返りをうつ　**시각**：時刻　**용을 쓰다**：力を込める、必死になる　**상사**：上司　**꾀병 (-病)**：仮病　**부리다**：(知恵を) 働かせる。꾀병을 부리다で「仮病を使う」の意味　**해고되다**：解雇される

고되면 안 된다는 **필사적인** 생각으로 **간신히** 몸을 일
_[필싸저긴]
으켜 마침내 문을 열고 나갔다.

3 문밖으로 나온 그레고르를 본 지배인은 **소스라치게**

놀라 **비명조차 지르지** 못하는 상태로 **달아났다.** 가족
_[모타는]
도 마찬가지였다. 어머니는 **기절하고 말았다.** 의식이 돌

아왔을 때에도 어머니는 "사람 살려!" 하고 소리를 지

르며 **뒷걸음질**을 쳤다. 아버지는 그레고르를 다시 방으

로 **몰아넣었다.**

4 그레고르는 방에서 나가려고 했다. 두 번째로 방문

을 나갔을 때 어머니는 또다시 기절했고, 마침 **외출했**

다 돌아온 아버지는 식탁 위에 있던 사과를 집어 들었

다. 아버지가 던진 사과가 그레고르의 등에 **꽂혔다.** 아
_[꼬철따]
버지의 사과 **공격**을 받은 그레고르는 **잠자코 숨죽여** 지

냈다.

5 시간이 지나 가족들은 그레고르를 **차츰** 잊어 갔다.

방 청소는 물론이고 **먹이**를 주는 데도 **소홀했다.** 그러

らいけないという必死の思いで、やっとのことで体を起こし、ついにドア
を開けて出た。

3 ドアの外に出たグレゴールを見た支配人は飛び上がるほど驚き、悲鳴すら
上げられない状態で逃げた。家族も同じだった。母は気絶してしまっ
た。意識が戻った時も母は「助けて!」と叫びながら後ずさりした。父は
グレゴールを再び部屋に追い込んだ。

4 グレゴールは部屋から出ようとした。 2回目に部屋を出た時、母は再び
気絶し、ちょうど外出から戻ってきた父は食卓の上にあったリンゴを手に
した。父が投げたリンゴがグレゴールの背中に刺さった。父のリンゴ攻
撃を受けたグレゴールは黙って息を殺して過ごした。

5 時がたち、家族は次第にグレゴールのことを忘れていった。部屋の掃除
はもちろん、餌を与えるのもおろそかだった。そんな中、家族は家に下宿
生たちを入れた。生活費を稼ぐためだった。妹が下宿生たちのためにバ
イオリンを弾いた。グレゴールは妹の演奏に引かれて、思わず部屋を出た。

....

필사적이다 (必死的--):必死だ　간신히 (艱辛-):やっとのことで、かろうじて

3 소스라치다:驚いて跳び上がる。소스라치게 놀라다で「跳び上がるほど驚く」の意味　비
명:悲鳴　~조차:~すら、~さえ　지르다:叫ぶ　달아나다:逃げ出す　기절하다:気
絶する　-고 말다:~してしまう　뒷걸음질:後ずさり　몰아넣다:追い込む、追いやる

4 외출하다:外出する、出掛ける　꽂히다:刺さる。꽂다 (刺す)の受身形　공격:攻撃
잠자코:おとなしく、黙って、黙々と　숨죽이다:息を殺す

5 차츰:次第に　먹이:餌　소홀하다 (疏忽--):おろそかだ、いいかげんだ

는 사이 가족들은 집에 **하숙생**들을 들였다. 생활비를 벌기 위해서였다. **누이가** 하숙생들을 위해 바이올린을 켰다. 그레고르는 누이의 연주 소리에 **이끌려** 자기도
[연주 쏘리]
모르게 방을 나갔다. **느릿느릿 기어** 나온 그의 모습을
[느린느릴]
발견한 하숙생들은 놀라 **기겁했다**. 그레고르의 **존재를**
[기거팯따]
몰랐던 하숙생들이 **항의하며** 모두 방을 나가겠다고 했다. 누이가 **분노했다**. "오빠라고 부르지 않겠어요. 오빠
[안케써요]
라고 믿었던 것이 우리의 불행이에요."

6   그레고르는 방으로 돌아왔다. 등에 **박힌** 사과는 썩
[바킨]
었고, 먼지로 **뒤덮여** 있었다. 그는 자신이 사라져야 한다고 생각했다. 가족들도 그가 죽기를 바라고 있었다. 그의 마음은 **담담하고 평화로웠다**. 새벽 **종소리**를 들으
[종쏘리]
며 마침내 그가 **숨을 거두었다**.

7   **이튿날**, 가족들은 그의 죽음을 감사하며 **소풍**을 떠
[이튼날]
났다. 전차 안에서 **앞날**에 대해 서로 이야기를 나누었다. 햇살은 따뜻하고 몸도 **느긋했다**.
[따뜨타고]   [느그탣따]

のそのそはってきた彼の姿を発見し、下宿生たちは腰を抜かした。グレ
ゴールの存在を知らなかった下宿生たちは抗議して皆部屋を出ると言っ
た。妹が怒った。「兄とは呼びません。兄と信じていたことが私たちの不
幸です。」

6 グレゴールは部屋に戻った。背中に刺さったリンゴは腐り、ほこりで覆わ
れていた。彼は自分が消えなければならないと考えた。家族も彼が死ぬ
ことを望んでいた。彼の気持ちは淡々として平和だった。明け方の鐘の
音を聞きながら、ついに彼は息を引き取った。

7 翌日、家族は彼の死に感謝し、ピクニックに行った。電車の中で、これか
らのことについて話をした。日差しは暖かく、体もゆったりとしていた。

하숙생：下宿生　**누이**：女きょうだい。ここではグレゴールの妹を指す　**이끌리다**：引か
れる　**느릿느릿**：のろのろ、のそのそ　**기다**：はう　**기겁하다 (気怯--)**：腰を抜かす

존재：存在　**항의하다**：抗議する　**분노하다 (憤怒--)**：怒る、憤る

6 **박히다**：打ち込まれる、突き刺さる。박다 (打ち込む) の受身形　**뒤덮이다**：覆われる、覆
いかぶさる。뒤덮다 (覆いかぶせる) の受身形　**담담하다**：淡々としている、未練がなく落ち
着いている　**평화롭다**：平和だ　**종소리 (鐘--)**：鐘の音　**숨을 거두다**：息を引き取る

7 **이튿날**：翌日、明くる日　**소풍 (逍風)**：遠足、ピクニック　**앞날**：将来、先のこと　**느긋하
다**：(気持ちが) のんびりしている、満ち足りている

本書で使われているハン検4・5級レベルの語尾・表現

本書で使われているハン検4・5級レベルの語尾・表現をまとめました（가나다順）。
本文を読み進めながら分からない語尾・表現があったときにご参照ください。

~가 되다	~になる
~가 아니다	~ではない
-겠-	〈意志を表す語尾〉、〈推測や控えめな気持ちを表す語尾〉
-고	~して、~で、~してから
-고 싶다	~したい
-고 싶어 하다	~したがる
-고 있다	~している
-ㄴ¹	〈形容詞・指定詞に付いて名詞を修飾〉~（な）…
-ㄴ²	〈動詞に付いて名詞を修飾〉~した…
-ㄴ 것¹	〈形容詞・指定詞に付いて〉~（な）こと、~（な）もの
-ㄴ 것²	〈動詞に付いて〉~したこと、~したもの
-ㄴ 다음	~した後に
-ㄴ 뒤	~した後に
-네	〈感嘆〉~するなあ、~（だ）なあ、~するね、~（だ）ね
-는	〈動詞に付いて名詞を修飾〉~している…、~する…
-는 것	〈動詞に付いて〉~すること、~するもの
-는 사이	~する間
-니까	~するから、~（だ）から、~するので、~（な）ので
-ㄹ	〈用言に付いて名詞を修飾〉~する…、~（な）…
-ㄹ 거예요	~（する）でしょう、~するつもりです
-ㄹ게	〈意志〉~するよ
-ㄹ까	~しようか、~するだろうか、~だろうか
-ㄹ 때	~するとき、~しているとき、~（な）とき
~라고	~（だ）と
~라고 하다	~と言う、~と申す
-러	~しに
-려고	~しようと

-려고 하다	~しようとする、~しようと思う
-려면	~しようとするなら
-면	~すれば、~ならば、~するならば
-면 되다	~すればいい、~であればいい、~ければいい
-면 안 되다	~してはいけない
-ㅂ시다	~しましょう、~してください
-시겠습니까	~されますか
-아	~して、~で、~くて
-아 가다	~していく
-아도	~しても、~でも、~くても
-아도 되다	~してもよい、~でもよい、~くてもよい
-아도 좋다	~してもよい、~でもよい、~くてもよい
-아 보고 싶다	~してみたい
-아 보다	~してみる
-아서	~して、~で、~くて、~するので、~（な）ので
-아야 하다	~しなければならない、~（で）なければならない
-아 있다	~している
-아 주다	~してあげる、~してくれる
-았던	~した…、~だった…、~かった…
-어	☞ -아
-어 가다	☞ -아 가다
-어도	☞ -아도
-어도 되다	☞ -아도 되다
-어도 좋다	☞ -아도 좋다
-어 보고 싶다	☞ -아 보고 싶다
-어 보다	☞ -아 보다
-어서	☞ -아서
-어야 하다	☞ -아야 하다
-어 있다	☞ -아 있다
-었던	☞ -았던
-으니까	☞ -니까

-으러	☞ -러
-으려고	☞ -려고
-으려고 하다	☞ -려고 하다
-으려면	☞ -려면
-으면	☞ -면
-으면 되다	☞ -면 되다
-으면 안되다	☞ -면 안 되다
-으시겠습니까	☞ -시겠습니까
-은[1]	☞ -ㄴ[1]
-은[2]	☞ -ㄴ[2]
-은 것[1]	☞ -ㄴ 것[1]
-은 것[2]	☞ -ㄴ 것[2]
-은 다음	☞ -ㄴ 다음
-은 뒤	☞ -ㄴ 뒤
-을	☞ -ㄹ
-을 거예요	☞ -ㄹ 거예요
-을게	☞ -ㄹ게
-을까	☞ -ㄹ까
-을 때	☞ -ㄹ 때
-읍시다	☞ -ㅂ시다
~이 되다	☞ ~가 되다
~이라고	☞ ~라고
~이라고 하다	☞ ~라고 하다
~이 아니다	☞ ~가 아니다
-잖아요	～(する)じゃないですか
-죠	～しましょう、でしょう、～しますか、～ですか、～しますよ、～ですよ
-지 마	〈命令〉～するのをやめろ
-지만	～するが、～(だ)が
-지 못하다	～することができない
-지 않다	～しない、～でない、～くない
-지요	～しましょう、でしょう、～しますか、～ですか、～しますよ、～ですよ

新装版　多読多聴の韓国語

やさしい韓国語で読む
世界の名作文学

2023 年 12 月 1 日　初版発行

編　者　hana 編集部

韓国語執筆　李善美
デザイン　木下浩一（アングラウン）
ＤＴＰ　宗像香
イラスト　河美香
印刷・製本　中央精版印刷株式会社

発行人　裵正烈

発　行　株式会社 HANA
〒 102-0072 東京都千代田区飯田橋 4-9-1
TEL：03-6909-9380　FAX：03-6909-9388
E-mail：info@hanapress.com

発　売　株式会社インプレス
〒 101-0051 東京都千代田区神田神保町一丁目 105 番地

ISBN978-4-295-40911-3 C0087　©HANA 2023　Printed in Japan

●本の内容に関するお問い合わせ先
　hana 編集部　TEL：03-6837-5016　FAX：03-6837-5023

●乱丁本・落丁本の取り替えに関するお問い合わせ先
　インプレス カスタマーセンター　FAX：03-6837-5023
　　　　　　　　　　　　　E-mail：service@impress.co.jp
　※古書店で購入されたものについてはお取り換えできません。